Sandra Markewitz | Ansgar Lorenz • Ludwig Wittgenstein

Bibliografische Information der Deutschen Nationalbibliothek

Die Deutsche Nationalbibliothek verzeichnet diese Publikation in der Deutschen Nationalbibliografie; detaillierte bibliografische Daten sind im Internet über http://dnb.d-nb.de abrufbar.

Alle Rechte vorbehalten. Dieses Werk sowie einzelne Teile desselben sind urheberrechtlich geschützt. Jede Verwertung in anderen als den gesetzlich zugelassenen Fällen ist ohne vorherige schriftliche Zustimmung des Verlags nicht zulässig.

© 2024 Brill Fink, Wollmarktstraße 115, D-33098 Paderborn, ein Imprint der Brill-Gruppe (Koninklijke Brill bV, Leiden, Niederlande; Brill USA Inc., Boston MA, USA; Brill Asia Pte Ltd, Singapore; Brill Deutschland GmbH, Paderborn, Deutschland; Brill Österreich GmbH, Wien, Österreich)

Koninklijke Brill bV umfasst die Imprints Brill, Brill Nijhoff, Brill Schöningh, Brill Fink, Brill mentis, Brill Wageningen Academic, Vandenhoeck & Ruprecht, Böhlau und V&R unipress.

www.brill.com

Einbandgestaltung: Ansgar Lorenz
Herstellung: Brill Deutschland GmbH, Paderborn

ISSN: 2702-6833
ISBN: 978-3-7705-6806-2 (paperback)
ISBN: 978-3-8467-6806-8 (e-book)

Sandra Markewitz | Ansgar Lorenz

Ludwig Wittgenstein
Philosophische Einstiege

BRILL | FINK

Behüteter Beginn: Das Elternhaus in der Alleegasse

Ludwig Wittgenstein wurde am 26. April 1889 in Neuwaldegg bei Wien als jüngstes Kind von acht Geschwistern in eine österreichischen Industriellenfamilie geboren. Die Familie Wittgenstein war durch die Geschäfte von Wittgensteins Vater Karl Wittgenstein in der Stahlindustrie sehr reich geworden (man kann ihn mit Krupp in Deutschland vergleichen) und pflegte einen kultivierten, gehobenen Lebensstil. Die Atmosphäre in dieser Familie war jedoch nicht nur materiell orientiert. Die Wittgensteins waren vor allem sehr an Kultur, Malerei, Musik und Literatur interessiert, umfassend gebildet, förderten Künstler ihrer Zeit und hatten hohe Ansprüche aneinander und was die Werte der Lebenswelt betrafen: Man sollte anständig sein und ein hohes Ethos haben, d.h. viel von sich verlangen. Die Kinder der Familie wurden von Hauslehrern unterrichtet, so dass die Berührung mit der Umwelt nur dosiert erfolgte und der geschützte Familienrahmen kaum verlassen wurde. Es gab in dieser Familie, in der der spätere Philosoph behütet unter freundlichen Bedingungen aufwuchs, viele Talente. Die Mutter soll besser Klavier gespielt haben als einer ihrer Söhne, der später Pianist wurde. Ludwig Wittgenstein galt sogar zunächst als der, der im Gegensatz zu den anderen Familienmitgliedern kein klares Talent erkennen ließ. Allerdings war bei ihm schon früh ein Interesse für Konstruktion und Technik vorhanden – das, was man später seine ingenieurshaften Züge nannte –, so soll Wittgenstein als Kind bereits eine Nähmaschine konstruiert haben, die sogar einige Stiche nähte.

Wien um 1900: die Wiener Moderne oder im Laboratorium

Um 1900 ereigneten sich wesentliche Neuerungen in allen Teilen des Kulturlebens. Musik, Malerei, Literatur, Architektur und Psychologie standen in einer neuen Blüte, die unter dem Namen *Wiener Moderne* zusammengefasst wird. Zu nennen sind in der Musik Arnold Schönberg und seine Schüler Alban Berg und Anton von Webern, die in der sogenannten „Neuen Wiener Schule" mit alten harmonischen Musiktraditionen brachen und neue, atonale Ausdrucksweisen fanden. Komponisten wie Johannes Brahms oder der Geiger Joseph Joachim waren zu Gast im Hause Wittgenstein. Wittgenstein soll später einmal pointiert gesagt haben, dass in seinem Vaterhaus sieben Konzertflügel standen. In der Malerei schufen Gustav Klimt und Egon Schiele neue ausdrucksstarke Bilder des Weiblichen und der Erotik sowie der schwindend-niedergehenden Lebensstimmung der Jahrhundertwende – des *Fin de Siècle*.

Klimt porträtierte im Jahr 1905 Wittgensteins Schwester Margarete, was die große, selbstverständliche Nähe der Wittgensteins zu Künstlern der Zeit zeigt. Im Bereich der Literatur sind die Dichter Teil der Wiener Kaffeehauskultur; sie treffen sich in Cafés und knüpfen vielerlei Beziehungen. Arthur Schnitzler beschreibt eine Welt der feinen, zitternden Nerven, der Menschen, die das Neue ihrer Zeit fühlen, Peter Altenberg tupft flüchtig-zart geschriebene Seelenbilder, Hugo von Hofmannsthal beschreibt in seinem Theaterstück *Der Schwierige* eine literarisch gestaltete Sprachskepsis, die im sprachkritischen Werk von Karl Kraus eine wichtige Entsprechung findet und Ähnlichkeit mit Elementen in Wittgensteins Frühwerk besitzt: Nicht alles kann mehr ausgesprochen werden, das Aussprechen von etwas kann indezent sein, d.h. unwürdig.

Musik als Erfahrungsraum

Wittgensteins Familie förderte die Künste, wobei die Musik eine eigene Stellung einnahm. Auch Wittgenstein selbst war musikalisch; die Wiener Gemengelage sich überkreuzender neuer Ausdrucksformen, deren Spannungen spätere kulturelle Entwicklungen vorwegnahmen, hatte auf ihn gewirkt, zudem verkehrten viele Musiker und Komponisten in seinem Elternhaus. Wittgensteins Haltung zur Musik beschränkt sich dabei nicht auf die zuhörende Rolle: Er selbst lernte später, als er in den 1920er Jahren in Niederösterreich Volksschullehrer war, ein Instrument, die Klarinette, und konnte sehr gut pfeifen, was zur damaligen Zeit eine eigene Kunstform war. Einmal erzählte Wittgenstein, wie er um drei Uhr in der Nacht vom Klang eines Klaviers aufgeweckt wurde – der Bruder Hans spielte eine eigene Komposition. Durch frühe Prägung erlebte Wittgenstein Musik so aus naher Innenperspektive. „Das Verständnis der Musik", sagte er, „ist eine Lebensäußerung des Menschen". Man beschreibe Musik, dann, wie sich Menschen zu ihr verhalten. Philosophisch ist Musik eine Äußerungsform, zu der Menschen eine Haltung einnehmen, die etwas über sie selbst sagt und philosophisch fruchtbar zu machen ist – ein Operieren im Ausdruck und an dessen Grenze.

Die Namen der Komponisten

Am Beispiel der Musik lässt sich vieles zeigen, diese Ausdrucksphäre ist philosophischen Überlegungen sehr nah. Katrin Eggers etwa geht von einer „musikalischen Hintergrundstruktur" im Werk Wittgensteins aus. Wittgenstein sagt in einer Bemerkung aus den 1930er Jahren, dass es uns so scheint, dass die „bekannten Großen Meister" gerade die Namen haben, die zu ihnen passen. Wir würden dann „die Projectionsmethode als gegeben betrachten". Wir projizieren den Charakter in den Namen und sehen ihn als gegeben an. Dass diese Passung so überzeugend ist, Mozart scheinbar nur Mozart heißen kann, Schumann nur Schumann etc., liegt an unserer Gewöhnung an sprachliche Kontexte und deren Methoden, Sinn hervorzubringen – Wittgenstein sagte an anderer Stelle, dass es Menschen so scheinen möge, als passten die Namen des luxuriösen Kaufhauses Fortnum & Mason in London zusammen – die Gewöhnung an eine Kombination von Namen, die wir wiederholt und in anerkannten Kontexten verwenden, lässt es so aussehen, als ob eine zufällige Passung (durch etablierten Gebrauch legitimiert), gar nicht anders sein könnte. Es scheint uns, *Don Giovanni* sei nur als Oper Mozarts denkbar, *Moses und Aron* nur als unvollendete Oper Schönbergs, die Brucknersche Neunte nur als Symphonie dieses Komponisten etc. Die Passungen, an die wir uns gewöhnt haben, konstituieren unsere Lebenswelt auf einmalige Weise und gehen in unsere Weltbilder ein – ihre mögliche Änderung würde unser Leben tief betreffen.

Vielfalt der Kunst

Die Vielfalt der Kunst, ob nun Dichtung, Theater, Literatur, Komposition oder Bildhauerei – auch Architektur ist im weiten Zusammenhang zu nennen – kann als Nährboden und Referenzrahmen vieler Gedanken in Wittgensteins Bemerkungen gesehen werden. Der musikalische Mensch semantisiert gleichsam im Bewusstsein des Rhythmus, die Dinge werden ihm bedeutungsvoll im Wissen, dass es den Hintergrund des künstlerischen Ausdrucks gibt. Dabei der Gedanke, dass die Kunst etwas im Zaum halten muss: „In aller großen Kunst ist ein wildes Tier: gezähmt." (1940) Der Künstler muss etwas, das ausbrechen will, begrenzen (das Thema der Grenze ist ein Leitmotiv in Wittgensteins Werk, etwa in Bezug auf die Grenze des Sagbaren). Er kommt mit einer Lebenskraft und -macht in Berührung, die den sogenannten gewöhnlichen Menschen fehlt. Künstlertum war also sowohl biographisch in Wittgensteins Herkunftsfamilie angelegt, als auch ein Bedürfnis, das er wie das philosophische Nachdenken über menschliche Ausdrucksmöglichkeiten lebenslang verfolgte - ästhetische Fragen fesselten ihn mehr als ein konventioneller Austausch von Argumenten.

Familienerinnerungen: der nächste Kosmos

Wittgensteins Familie war der Echo- und Initiationsraum seines Talents. Familienporträts zeigen und verbergen – im Fall des Philosophen gehörte es zum kulturellen Hintergrund, dass Familienmitglieder Aufzeichnungen machten, um das Familiengeschehen zu bewahren und der Nachwelt aufzuheben – wenn auch zunächst geplant für den persönlichen Maßstab. Hermine Wittgensteins (siehe links) Familienerinnerungen, die diese in den 1940er Jahren verfasste, sind besonders hervorzuheben. Ilse Somavilla edierte sie im Jahr 2015. Hermine Wittgenstein, die älteste Schwester Ludwig Wittgensteins, in Böhmen geboren, wo der Vater Karl Wittgenstein zu der Zeit am Walzwerk arbeitete, beschreibt als Chronistin (Brian McGuinness nennt sie den „Schrein der Familienüberlieferung") Charaktere, Besonderheiten, Eigenarten und Gewohnheiten im Familienalltag. Die Älteste vertrat an den Geschwistern oft die Mutterstelle. Ihre Rolle als Bewahrerin des symbolischen Familienerbes der Erinnerungen und Wertüberzeugungen passt zu diesem Auftrag. So wird Wittgenstein hier nicht nur isoliert wahrgenommen, sondern als Exponent und bekanntestes Beispiel einer an Begabung nicht armen Familie – die im Wohlstand ausgebildeten verfeinerten Formen – muttersprachliche Hauslehrer und Hauslehrerinnen, altmodisch schönes Deutsch, vielfältige Nuancierungen, zunächst wenig Kontakt zu in der Oberschicht nicht Beheimateten – trugen lange.

Briefe schreiben

Es wurde viel geschrieben in der Familie Wittgenstein. Nicht nur Philosophie – sondern neben dem erwähnten Chronistentum, das den eigenen Wegen hohen Wert zuspricht, auch Briefe. Es war eine Zeit, in der das Briefeschreiben noch Kulturtechnik der gebildeten Stände war. Nicht mehr mit jener überbordenden Innigkeit der Romantik oder Empfindsamkeit, aber als Kommunikationsform jener Wechselseitigkeit, die ausmisst, was in einem Sozialraum möglich ist, der auch ein Imaginationsraum, ein Raum der Vorstellungen ist. Die Familienbriefe verdanken sich einer Tradition und bewahren sie. Wittgenstein sagte, Tradition sei nichts, was jeder aufnehmen könne. Man könne sich die eigenen Ahnen nicht aussuchen. Dennoch begehren manche ein Ausdrucksvermögen, das erst ermöglicht, sich selbst zu kennen. „Wer eine Tradition nicht hat & sie haben möchte, der ist wie ein unglücklich Verliebter." (Ms-168) Ilse Somavilla verweist in einem Text über Wittgenstein in seinen Briefen darauf, dass bei Wittgenstein Leben und Denken schwer zu trennen seien – und bezieht sich auf eine Bemerkung des Philosophen von 1931: „Die Denkbewegung in meinem Philosophieren müßte sich in der Geschichte meines Geistes, seiner Moralbegriffe & dem Verständnis meiner Lage wiederfinden lassen."

*Hermine Wittgenstein an Ludwig Wittgenstein, November 1920

Du hast aber doch wahrhaftig nichts zu verbergen, es sei denn etwas Gutes, und brauchst keine Moral zu lehren, die Du nicht selbst nach Kräften ausübst. Dass Dich die Leute nicht verstehen werden, ist natürlich nicht zu ändern, sie müssen Dich aber zum Mindesten hochachten, ist Dir das gar nichts?*

Paul Wittgenstein

Die Begabung Paul Wittgensteins in der Musik war so sichtbar wie die seines Bruders Ludwig Wittgenstein in der Philosophie. Paul Wittgenstein wurde nach dem Ersten Weltkrieg, in dem er den rechten Arm verloren hatte, als Pianist bekannt, für den Ravel das Konzert für die linke Hand schrieb, das Anfang der 1930er Jahre in Wien mit den Wiener Symphonikern uraufgeführt wurde. Die Familie beurteilte sein Spiel mit wenig Milde, es fehle an Geschmack und es sei zu extravagant. Diese hohen, früh vermittelten Standards waren es, die das Nuancierungsvermögen des Philosophen befördert hatten; aus den letztlich ethisch grundierten Maßstäben erwuchs eine Wahrnehmungsfähigkeit, die jeden falschen Ton – sei es im Musikalisch-Künstlerischen oder Sozialen – abweisen musste. Wittgenstein schrieb später, manche Menschen hätten einen Geschmack, der sich zu einem ausgebildeten verhalte, wie der Gesichtseindruck eines halb blinden Auges zu dem eines normalen. Die Spielarten der Begabung bedeuten auch, Geschmack ausbilden zu können – nicht als Automatismus, als folge auf etwas Gelerntes stets die gleiche Geschmacksäußerung. Aber mit ausgebildetem Geschmack erkennt man mehr, da man für Nuancen empfänglich ist und diese auch beschreiben kann, sei es in einer musikalischen Phrase oder einem Wissen darum, wann ein Gedanke der Philosophie an eine Grenze kommt.

*Sigmund Freud, Das Unbehagen in der Kultur

Freud und die Psychoanalyse: Eine eigene Mythologie

Um die Jahrhundertwende wurde auch die menschliche Seele neu betrachtet. Sigmund Freud (1856–1939) behandelte sie mit der Methode der Psychoanalyse, der Redekur. Im assoziativen Sprechen, oft liegend auf einer Couch, auch über Träume und sonst Ungesagtes, lassen die üblichen Mechanismen der Selbstkontrolle nach. Der moderne Mensch in der Kultur muss sich oft zu sehr anpassen und daher sinnliche Wünsche oft unterdrücken. Freud spricht daher von einem Unbehagen in der Kultur. Der Mensch lenkt durch die kulturellen Leistungen, die er erbringt, von diesen sinnlichen Antrieben ab, was Freud Sublimierung nennt. Wittgenstein hatte zunächst Freuds Psychologie für Zeitverschwendung gehalten, dann jedoch etwas von Freud gelesen und kurz nach 1919 gemerkt, dass dieser etwas zu sagen hatte. Er hielt Freud für lesenswert. Der Psychoanalytiker sei nicht weise, aber klug. Das Verfahren der freien Assoziation – der Patient spricht aus, was ihm gerade einfällt, ohne Selbstzensur – erschien dem Philosophen jedoch sonderbar, da Freud nie sage, wann hiermit aufzuhören sei, wann eine Lösung erreicht sei. 1946 sagte Wittgenstein, Freud habe durch seine „phantastischen pseudo-Erklärungen" (...) „einen schlimmen Dienst erwiesen". (Ms-133) Hier kollidieren der ingenieurshafte Zug von Wittgensteins Denken, der sich darin äußert, nach einem Ende zu fragen und die Ansicht, dass die Analyse potentiell endlos sei. Für Wittgenstein war die Psychoanalyse auch eine aufgezwungene Mythologie, die Schaden anrichten könne, da der Verstand sie nicht immer durchschauen würde, auch wenn man in ihr einige Dinge über sich selbst entdecken könne.

Kulturkritik/Ausdruck

1908 hatte Adolf Loos den Traktat *Ornament und Verbrechen* verfasst. Das Wien des *Fin de Siècle* hatte Änderungen hervorgebracht, die Absetzbewegungen von Früherem waren, etwa in den klaren Linien der Architektur von Loos im Gegensatz zum opulenten und üppigen Stil des Malers Hans Makart. Die Kultur der Habsburger, des alten Habsburgreiches, hatte Österreich-Ungarn unverwechselbar geprägt. Robert Musil sprach in *Der Mann ohne Eigenschaften* ironisch von „Kakanien" - „k. u k." oder „k.k" (kaiserlich-königlich) bezeichnete Einrichtungen der österreichisch-ungarischen Doppelmonarchie. Wittgenstein hatte diese Kultur aufgenommen als Lebensbestandteil; er war aber auch charakterlich zu Kultur- als Zivilisationskritik disponiert, da er altmodischen Geschmacksurteilen (etwa in der Literatur) zuneigte und der Religion eine Sonderstellung einräumte. Das Ideal des Geistes steht höher als die funktionalen Fertigkeiten kultureller Prägung. Der Niedergang der Kultur wird jedoch, wie Wittgenstein betont, am Ende nicht völlige Dunkelheit bedeuten: „Ich habe einmal, & vielleicht mit Recht, gesagt: Aus der früheren Kultur wird ein Trümmerhaufen & am Schluß ein Aschenhaufen werden; aber es werden Geister über der Asche schweben." (Ms-107)

Looshaus am Michaelerplatz in Wien 1

Besuch bei Frege

Nachdem Wittgenstein 1906 die Schule verlassen hatte, plante er ein Studium in Wien bei dem Physiker und Philosophen Ludwig Boltzmann, doch dieser brachte sich im Jahr des Schulabschlusses um. Das Studium des Maschinenbaus wurde aufgenommen, an der Technischen Hochschule Charlottenburg. 1906 schrieb er sich ein. Es folgten Studien in Manchester (Ingenieurswissenschaften, Entwürfe zu Flugzeugen etc.) und es brach die Zeit an, in der Wittgenstein wurde, was er für die Nachwelt heute ist. Er hatte etwas Philosophisches geschrieben, das Interesse war erwacht und suchte Gottlob Frege (1848–1925) auf, der als Professor in Jena wirkte und zu Logik und Mathematik arbeitete. Dort erhielt er den Rat – auch wenn Wittgenstein später sagte, Frege sei mit ihm Schlitten gefahren – nach Cambridge zu Bertrand Russell (1872–1970) zu gehen. Russell wie Wittgenstein sollten stark von dieser Entscheidung beeinflusst werden. Obwohl Wittgensteins Studium in Manchester für ein weiteres Jahr bereits geplant war, reiste er im Herbst 1911 nach Cambridge.

Bertrand Russell

Nachdem Wittgenstein in Cambridge eingetroffen war, diskutierte er mit Russell, der 1903 *The Principles of Mathematics* veröffentlicht hatte und von ihm zunächst als dem „streitsüchtigen Deutschen" sprach. Später fand Russell heraus, dass Wittgenstein Österreicher war und sich fragte, ob er von den beiden Dingen, die ihn besonders interessierten – Ingenieurswissenschaft und Philosophie – die Philosophie wählen sollte. Man kam nach dem Ende des Trimesters, das vorläufigen Charakter hatte, überein, dass Wittgenstein etwas schreiben solle – Russell würde es dann beurteilen und ihm sagen, ob er das Zeug zum Philosophen habe. Als Wittgenstein im Januar 1912 das in den Weihnachtsferien Verfasste zeigte, fiel Russells Urteil sehr günstig aus. Es sei besser als das, was seine englischen Studenten schrieben, er würde ihn ermutigen. Russell war für Wittgenstein eine Zentralfigur im englischen akademischen Kosmos – er sollte sich mit dem Werk des Älteren in einer Weise auseinandersetzen, die beider Namen auf unwiderrufliche Weise verknüpfen würde.

Wittgensteins Genie

Anders als viele Menschen, die denken, besonders begabt zu sein, besaß Wittgenstein tatsächliche Genialität. Damit ist gemeint, dass er nicht Denkweisen von anderen einfach übernehmen konnte, sondern sein Eigenes in alle Dinge hineinlegen musste, die er tat: Er bildete selbst Muster – sei es in Philosophie oder Architektur u.a. – anstatt nur die von anderen bereits gegebenen Muster weiterzuführen (Gadamer hatte in *Wahrheit und Methode* die musterbildende Kraft des Genies beschrieben.) Dazu kam, dass Wittgensteins Charakter

Man könnte sagen: Genie ist Mut im Talent.

leidenschaftlich, schroff, intensiv und dominierend sein konnte. Er war ein großherziger, oft humorvoller Freund, der, sofern sie seinen ethischen Ansprüchen genügten oder eines Tages würden genügen können, sich in großer Ernsthaftigkeit mit anderen verbinden konnte. So gab es auf seinem Lebensweg immer wieder Personen, die eine wichtige Rolle für ihn spielten und denen er sich annäherte. Die Bekanntschaft des Philosophen war für seine Freunde oft ein bedeutsamer Einschnitt, der ihr Leben und ihre Vorstellungen von der Welt und von sich selbst prägte und veränderte. In Cambridge wurde sein Ausnahmetalent bald erkannt; so wollte etwa die Gesellschaft der „Apostel" ihn, inspiriert von Bertrand Russells positiver Meinung über Wittgenstein, zum „Bruder", d.h. vom „Embryo" zum Mitglied der Gesellschaft machen. Andere suchten ihn. Wittgensteins Überzeugungskraft zeigt sich auch darin, dass sein akademischer Lehrer Russell sehr bald von ihm lernen wollte – es lag etwas Beherrschendes, Zwingendes in seiner kompromisslosen Aufrichtigkeit.

Intellektuelles Milieu: Trinity College

Man erinnere sich, dass Wittgenstein seine Philosophie neben anderen Dingen geschäftsmäßig haben wollte: "I want my philosophy to be business-like, to get something done, to get something settled." Dies kontrastiert mit dem mystischen Anteil des *Tractatus* nur auf den ersten Blick. Der ingenieurshafte Zug Wittgensteins zeigte sich im Interesse für Konstruktionsfragen (etwa von Motoren und Propellern von Flugzeugen in Manchester 1908). Cambridge war ein neuer Kosmos, eine Wissensstadt, an der Wittgenstein insbesondere eine Art des scheinbar überlegenen Bescheidwissens abstieß, die darüber hinwegsah, im Vorgang der Vermittlung von Wissensbeständen popularisieren, vereinfachen zu müssen. In Cambridge wurden die künftigen Führungsfiguren Britanniens der oberen Klassen ausgebildet; die geschichtsträchtigen Räume (Wandeln auf den Spuren Francis Bacons und Isaac Newtons) der verschiedenen Colleges sind bis heute Sehnsuchtsorte geistigen Lebens, auratische Orte. Wittgenstein gehörte zu Trinity, das 1546 von Heinrich VIII. gegründet worden war. In strenger Leidenschaft trat er in das Milieu ein, das ihm nach Russells Ermutigung im Januar 1912 erlauben sollte, nach bekannten Unterbrechungen (nur auf den ersten Blick *detours*) im Februar 1939 die Nachfolge auf dem Lehrstuhl G.E. Moores anzutreten. Wittgenstein diesen vorzuenthalten wäre, so C.D. Broad, als würde man Einstein einen Lehrstuhl für Physik verweigern. In Zeiten heutiger Modularisierung von Studiengängen in Deutschland ist diese Umgebung ein Gegenbild – bei allen Änderungen, die inzwischen in Richtung Marktförmigkeit eingetreten sind, sieht man in Fotografien des jungen Nabokov der 1920er Jahre, in einem Boot "on the river *Cam*", sommerlich, weißgekleidet, Denkstile als Lebensstil verfasst, der die Räume in Whewell's Court, die Wittgenstein im Trinity College in den 1930er Jahren bewohnte, als etwas erscheinen lässt, das Heimweh und Tradition, Ernüchterung und Möglichkeitssinn verbindet.

Cambridge Camp

Susan Sontag (1933–2004, siehe unten) beschreibt in ihren *Notes on Camp* (1964) einen Wahrnehmungsstil, *new sensibility*, eine bisher nicht diskutierte Verkünstlichung der Welt. Das Übertriebene, Exaltierte (die Bahnen des Gewohnten Überschreitende) zeichnet diese Weltsicht aus, die auch, aber nicht nur mit Homosexualität in Verbindung steht und als Code unter Eingeweihten nicht sofort ersichtlich ist. Wittgensteins Neigung ist, etwa im Film *Wittgenstein* (1993) von Derek Jarman, Teil der Populärkultur geworden; er hätte sich mit Camp jedoch wenig identifizieren können, da sein ernsthafter Charakter das Überbordende, Flamboyante und Karnevaleske dieser Haltung wohl abgelehnt hätte. Cambridge Camp ist jedoch für viele – auch im Sinne der *Cambridge Five*, einem Spionagering um Kim Philby und Guy Burgess (eine wehmütig-romantische Anverwandlung findet sich in Marek Kanievskas *Another Country* (1984)) – eine Schilderung, die in verschiedener Hinsicht freiheitsförmige Züge hat und Bilder von Geist, Eros, Gelehrsamkeit aufruft, die der absehbaren Aneignung von Wissen entgegenstehen, die eine eigene Denkbewegung gewohnheitsmäßig ausklammert.

> Camp braucht den Unterton des Künstlichen, des Überspitzten. Camp ist überdreht. Camp-Kunst ist häufig dekorative Kunst, wie sie insbesondere der Jugendstil entwickelt hat.

G.E. Moore

G.E. Moore war – neben Bertrand Russell – die zweite bestimmende Figur für Wittgenstein an der Universität Cambridge. Moore hatte bis 1939 den Lehrstuhl inne, den Wittgenstein im selben Jahr erhalten sollte. 1903 hatte Moore das Buch *Principia Ethica* veröffentlicht, in dem er einer Definition des Wortes „gut" nachgeht und schließlich sagt, dies sei nicht definierbar (naturalistischer Fehlschluss). Moores Name ist in der philosophischen Tradition mit einer Betonung des *common sense* verknüpft, den er damals herrschenden idealistischen Ansätzen (z.B. Bradley) entgegenstellte. Wittgenstein, der in dem nach seinem Tod veröffentlichten, von Nachlassverwaltern herausgegebenen Werk *Über Gewißheit* (der Werkcharakter solch später zusammengestellter Veröffentlichungen ist diskutierbar) Auseinandersetzungen mit Moores Thesen anstellt, die dieser in den Aufsätzen *A Defence of Common Sense* (1925) und *Proof of an External World* (1939) ausführt, befand, dass Moores *Principia Ethica* neben Freges oder Russells Werken nicht bestehen könnten – einige der kürzeren Texte ausgenommen. Moore besuchte Wittgenstein – nicht ohne vorherige gemischte Gefühle und Befürchtungen – in Norwegen, wo dieser ihm Überlegungen über Logik diktierte. Die später wichtig werdende Sagen-Zeigen-Unterscheidung etwa, über die Wittgenstein 1919 an Russell schrieb, sie sei die Hauptsache des *Tractatus*, ist schon im ersten der diktierten Sätze ausgesprochen.

*Wittgenstein an Russell, September 1913

Die Hütte in Norwegen: Einsamkeit des Forschers

Wittgenstein liebte die Abgeschiedenheit, die Einsamkeit, die ruhige Betrachtung der philosophischen Probleme, nicht den akademischen Mainstream der Universitäten und die Art der Menschen, die dort lehrten und oft vorgeben mussten, etwas zu verstehen, was sie nicht wirklich begriffen hatten oder auffassen konnten. Die gewöhnliche bürgerliche Welt mit ihren Verpflichtungen zu oberflächlicher Höflichkeit, Verstellung und vorgeschobener Intelligenz hatte wenig Anziehendes. So war es eine Erleichterung, fern von diesen Dingen zu sein. Zum Arbeiten zog Wittgenstein sich zurück, oft in eindrucksvolle Landschaften. In Skjolden am Sognefjord in Norwegen hatte er eine Zeit lang eine Hütte; nach der ersten Reise im Jahr 1913, die noch ein Ferienaufenthalt mit seinem Freund David Pinsent war, ließ er sie später an landschaftlich schöner Stelle errichten und kehrte oft nach Norwegen zurück, um ungestört zu sein und zu arbeiten. Er machte einige Bekanntschaften der Dörfler, deren einfache Art ihm gefiel. Die Zurückgezogenheit von den üblichen Verkehrsformen der Gesellschaft hatte auch etwas Befreiendes. Bekannt wurde der auf das nordische Land bezogene Ausspruch: „Es ist eine herrliche Sonne hier und ein schlechter Mensch". Wittgensteins hoher ethischer Selbstanspruch, der ihn durchs Leben führte, ließ nicht nach. Noch heute fahren Menschen, die sich für Wittgenstein und dessen Werk interessieren, an diesen Ort in Norwegen – auch wenn es die Hütte im Originalzustand nicht mehr gibt, nur in rekonstruierter Version.

Ein Freiwilliger

Freiwilligkeit ist die Probe aufs Exempel der Zugehörigkeit. Wer ohne Zwang eine Aufgabe annimmt, kommt oft mit denen in Konflikt, die die Wahl nicht hatten. Wittgenstein patrouillierte auf der Weichsel; jenseits der rein geistigen Arbeit wollte er etwas auf sich nehmen, so seine Schwester Hermine. War dies wieder das hohe Ethos der Familie Wittgenstein, das Aufgaben suchen ließ, statt sie zu meiden, finden wir das Vokabular der späteren Philosophie, wenn Wittgenstein betont, er würde, bezogen auf seine Arbeit, noch nicht klar sehen und keinen Überblick haben, denn in diesen Worten ist, vom Späteren her gesehen, schon eine Anspielung auf den Begriff der „übersichtlichen Darstellung" enthalten, den er im Bemühen um die Orientierung des Philosophierenden und das Finden von Zwischengliedern im Spätwerk betont (PU 122). Zum Ersten Weltkrieg schreibt er: „Es wird mir eigentümlich zumute wenn ich denke was ich in diesem Krieg noch alles erleben müssen werde." (29.09.1914) Das Bitten um Erleuchtung, die Gottesanrufung. „Nur dem eigenen Geist leben und alles Gott überlassen!" (30.11.1914) Wittgenstein führte Tagebuch während des Krieges, die Aufzeichnungen betrafen philosophische Themen im engeren Sinne wie auch lebensweltliche. Oftmals haben seine Bemerkungen einen spinozistisch-pantheistischen Grundton, aber auch einen christlichen. Es geht um Selbstzurücknahme, aber nicht Quietismus, nicht reine Passivität, da die Wahrnehmung gesteigert und die Anrufung des Höheren möglich ist: „Das Gebet ist der Gedanke an den Sinn des Lebens. Ich kann die Geschehnisse der Welt nicht nach meinem Willen lenken sondern bin vollkommen machtlos." (04.07.1916)

Georg Trakl

„Am Abend tönen die herbstlichen Wälder / Von tödlichen Waffen die goldnen Ebenen / Und blauen Seen, darüber die Sonne / Düstrer hinrollt; umfängt die Nacht / Sterbende Krieger, die wilde Klage / Ihrer zerbrochenen Münder." Die sterbenden Münder sind aus der Kommunikation entlassen. Georg Trakls Gedicht „Grodek" (1914) beschreibt die Schlacht am gleichnamigen Ort in Ostgalizien (heute Ukraine). Wo damals russische und österreichisch-ungarische Truppen kämpften, ereigneten sich manche Dinge dadurch, dass sie sich nicht ereigneten. Wittgenstein hatte Ludwig von Ficker, den Herausgeber der Kulturzeitschrift *Brenner* gebeten (heute gibt es in Innsbruck das Brenner-Archiv mit einer „Sammlung Ludwig Wittgenstein"), ihm Namen von Kunstschaffenden zu nennen, die er mit insgesamt 100 000 Kronen unterstützen könnte. Auch Trakl (1887–1914, siehe rechts) wurde bedacht. Wittgenstein erfuhr, dass Trakl in Krakau sein würde; er wollte den Dichter dort aufsuchen und hoffte, dass er sich mit ihm würde „ausreden" können. Als Wittgenstein jedoch Anfang November 1914 das Garnisonsspital aufsuchte, erfuhr er, dass Trakl vor wenigen Tagen gestorben war. Dies traf ihn sehr. Er hielt Trakls Gedichte für genial, ohne sie zu verstehen. In den Wirren des Krieges vielleicht einen verwandten Geist zu finden, war ein Hoffnungspunkt gewesen. Auch Wittgensteins Anlage zum Künstlertum ist hier zu bedenken, seine Feinheit und Vorsicht vor dem Gegenstand, ein manchmal fast lyrisches Verständnis, das mit gelegentlicher Vehemenz durchaus nicht in Widerspruch stehen muss: „O, warum ist mir zumute, als schrieb ich ein Gedicht, wenn ich Philosophie schreibe? Es ist hier, wie wenn hier ein Kleines wäre, das eine herrliche Bedeutung hat. Wie ein Blatt, oder eine Blume." (Ms-133)

Verehrung: ein besonderer Blick auf die Welt

Wittgenstein hatte sich mit Beginn des Ersten Weltkriegs (1914-1918) als Freiwilliger zum Kriegseinsatz gemeldet. Er wurde als Kanonier auf das Wachschiff *Goplana* abkommandiert, das auf der Weichsel patrouillierte und in russisches Gebiet vordringen sollte. Er hatte einen Suchscheinwerfer zu bedienen, keine ungefährliche Aufgabe. Eine Schwierigkeit lag auch im Zusammensein mit den groben und vulgären sogenannten „Kameraden", den anderen, die ihm in dieser und weiteren Situationen in seinem Leben begegneten und ihn mit Abscheu und Verachtung erfüllten. Es prallten verschiedene Lebenswelten aufeinander. Neben dem sozialen Rangunterschied, der trotz der scheinbaren Gemeinsamkeit der militärischen Aufgabe auf dem Schiff deutlich wurde, war es vor allem die Rohheit der anderen, die sich in der Unfähigkeit äußerte, zu verehren, die Wittgenstein abstieß. Der hohe Anspruch auf Anständigkeit der geborgenen Herkunft hatte Wittgenstein nicht auf Trunksucht und niedere Sitten derer vorbereitet, mit denen er zusammenarbeiten musste. Es gab, wie er sagte, hier kein fühlendes Herz und die Unanständigkeit der anderen riss ihm Wunden. Aber auch in anderen Lebenssituationen, wie den Jahren an der Universität Cambridge oder überhaupt bezogen auf den Blick auf andere Menschen, zeigte sich seine von den Wahrnehmungsgewohnheiten der Menge abweichende Sicht: Es war wichtig, die Verehrung von etwas Höherem zu kennen und sich nicht von den Stimmen der Welt leiten zu lassen, die dies nicht vermochten.

The darkness of this time

Kriegssituationen sind jene Ausnahmezustände, in denen, ganz im Sinne der dunklen Bildsprache Trakls, die Endlichkeit unserer Symbolisierungen, sofern sie in Zonen der Auseinandersetzung situiert sind, sichtbar wird. Der Weltkrieg hat die Sinne geschärft und markiert den Beginn jener Auffassung, die Wittgenstein in seinem Vorwort zu den *Philosophischen Untersuchungen* (1953) aus dem Jahr 1945 benennt: „Daß es dieser Arbeit in ihrer Dürftigkeit und der Finsternis ihrer Zeit beschieden sein sollte, Licht in ein oder das andere Gehirn zu werfen, ist nicht unmöglich; aber freilich nicht wahrscheinlich." Eine kontinuierende Linie in Wittgensteins Denkbewegung ist, das Gegebene zum einen als Hinzunehmendes zu betrachten, zum anderen aber die Wahrnehmungs- und Sinnangebote einer Zeit nicht als letzte Wahrheit anzunehmen. Er war Zeitgenosse und war es auch nicht. Das Ungenügen an der eigenen Zivilisation zu fühlen, weist auf den Eindruck des Dunklen im Gegensatz zum verordneten Licht des Fortschritts. Dass Wittgenstein im Vorwort der *Untersuchungen* sagt, das Licht der Gedanken zu anderen wahrscheinlich nicht bringen zu können, heißt, dass sie nicht aufnehmen können, was mit ihrer Zeit und den Tendenzen darin nicht übereinstimmt. Der Krieg ist der Bruch der üblichen Symbolisierungen als Zerstörung der Körper in den Kämpfen. Das Siegenwollen, das die Kulturanstrengung letztlich verneint, schreibt die Dunkelheit der Zeit in der des Todes fort.

Wandlung im Krieg

„Der Mensch darf nicht vom Zufall abhängen. Weder vom günstigen noch vom ungünstigen." (06.10.1914) Innere eisige Kälte, wechselnde Stimmung. „Nur sich selbst nicht verlieren!!! Sammle dich! Und arbeite nicht zum Zeitvertreib, sondern fromm, um zu leben!" Diese Frömmigkeit ist dem Ethos verschwistert, das in Wittgensteins Familie eine große Rolle spielte. Hat Wittgenstein im Krieg den Tod gesucht, wie er einmal sagte? Was bedeutet es, dass er hier an dem Werk schrieb, das als *Logisch-philosophische Abhandlung* (1921/22), bekannter unter dem Namen *Tractatus logico-philosophicus*, den G.E. Moore diesem gab, in die Philosophiegeschichte eingehen sollte? Wittgenstein suchte das „erlösende Wort", im höheren wie im profanen Sinne, er trug die *Kurze Darlegung des Evangeliums* Tolstois stets mit sich „wie einen Talisman" (11.10.1914) und wurde „der mit dem Evangelium" genannt. Zeichen, Benennungen, Namen. Die Sphäre der Reifung, wie manche sagen, als er nachdrücklich den Nebenmenschen erfuhr und die privilegierte Position der früheren Zeit damit kontrastierte, dass er nun in der Hand des Schicksals lebte. Auch: in der Zeit des Rückgriffs auf das, was geglaubt wird.

Gott, Gnade, Anrufung

Oft hat der Autor des *Tractatus* zu Gott gefleht, in den Kämpfen, den innerlichen und äußeren. Bewährung in der Situation, die etwas hervortreibt und zugleich verbirgt. Wir kennen diese Semantik kaum von denen, die das wissenschaftliche Feld der Universitäten bevölkern; es sind existentielle Gesten, die auch, mit Bloch, rufen, was nicht ist. „Der Mensch ist ohnmächtig im Fleische und frei durch den Geist. Und nur durch diesen." (16.09.1914) „Von Gemeinheit umgeben! Wie bin ich müde!" (29.03.1915) Das Höhere, Heilige als Gegenbild zur schlechten Welt, das als Rettung imaginiert wird. Man ruht aus in diesem Bild, man wartet. „Der Geist beschütze mich, was immer geschehe!" (01.12.1914) Der Weltkrieg lässt Wittgenstein zu sich selbst kommen als jemanden, der angewiesen ist auf etwas. Nicht als automatische Bezogenheit auf andere unter allen Umständen oder eine unumgängliche Läuterung. Zu rufen bedeutet, einen Zustand anders wahrzunehmen. Situationen wurden geschaffen, in denen Macht und Kampf angelegt sind, nicht Liebe. Mussten sie geschaffen werden? Explizite Ideologie- oder Machtkritik im heutigen Sinne lagen Wittgenstein fern. Doch der Krieg lässt absehen von den aufgezwungenen Mustern, in denen der Geist nur funktionieren soll und Fähigkeit, gar „Kompetenz" ist, ohne Spiritualität. Hier: „Alles in Gottes Hand."

Begegnung mit Ludwig Hänsel

Ludwig Wittgenstein war nach dem Weltkrieg im Januar 1919 in Kriegsgefangenschaft am Monte Cassino gekommen; er stand vor einer Wende. Die akademische Philosophie stellte ihn nicht zufrieden, nachdem er mit den existentiellen Erlebnissen der Kriegsrealität konfrontiert worden war und am Manuskript der *Logisch-philosophischen Abhandlung* gearbeitet hatte. Ludwig Hänsel (1886–1959, siehe links) traf in Cassino ein und schrieb im Dezember 1918: „Mit Feigen den Magen voll, Kant im Kopf und die Augen voll Freude." Die Aufzeichnungen in seinem Tagebüchern sind lebendig und dicht. Sprachlich-kulturelle Themen beschäftigen ihn, er liest Rilkes *Die Aufzeichnungen des Malte Laurids Brigge* („Preziöse Scheu vor der Deutlichkeit"), schon Manns Novelle *Der Tod in Venedig* und Herman Bang. Am 11. Februar 1919 schreibt Hänsel: „Der heutige Tag ist besetzt von einer neuen Bekanntschaft. Lt. Wittgenstein, nervös, aufgeregt, von seinen Ideen eingenommen, 6 Jahre Cambridge, Mathem. und Phphie. Russell." Themen der Gespräche sind Freges Begriffschrift („Ich habe Mühe, den Zeichen zu folgen."), das Schweigen vor dem Mystischen, der Wert des Lebens. Wittgenstein „drängt sich in die gewohnte Sicherheit". In *den sehr kalten blauen Sonnentagen* sieht Hänsel Wittgensteins edle Begeisterung. Tolstoi, das einfache Leben als Glücksmotiv. Wittgenstein will Lehrer werden, „menschlich mit der Mitwelt in Verbindung" kommen. „Sicheres Erkennen des Besten", lange geschult im Familienzusammenhang, eigenes Unterscheidungsvermögen. Die Freundschaft zu Hänsel, eine zweier denkender Menschen, hielt ein Leben lang an.

Der Volksschullehrer

Wie in Cassino gedacht, wollte Wittgenstein Lehrer werden und besuchte ab September 1919 in Wien die Lehrerbildungsanstalt. Sie lag genau in dem Bezirk, in dem er später ein Haus für seine Schwester bauen sollte. Ein Annäherungsprozess an die Welt: Er fühlt sich gedemütigt, mit so viel Jüngeren zu lernen, erhält dann das Zeugnis. „Wie es mir gehen wird – wie ich das Leben ertragen werde – weiß Gott allein", schreibt er an Russell. Wittgenstein suchte eine wirklich ländliche Umgebung. Er kam nach Trattenbach in Niederösterreich und wohnte im *Gasthaus zum braunen Hirschen*, später in einer Dachkammer. Es war Tolstois einfaches Leben, aber auch eine Begrenztheit. Wittgensteins Lehrmethoden waren ungewöhnlich, er arbeitete konzentriert mit den Kindern, überzog oft die Zeit des Unterrichts. Auch hier legte er eine große Intensität an den Tag. 1922 wechselte er nach Puchberg am Schneeberg, wo er sich als Lehrer am wohlsten fühlte, später nach Otterthal. Unter den Kollegen galt er, mit Ausnahmen, als Sonderling, die erwarteten, absehbaren Umgangsweisen waren ihm fremd. Wittgenstein strafte mit Ohrfeigen; er entschuldigte sich für zu harte Strafen. Er besorgte Arbeitsmittel, hatte ein Katzenskelett präpariert, hatte seine Klarinette, legte eine Grube für Hoch- und Weitsprung an. Als er eine Ohrfeige gab, auf die ein Zusammenbruch folgte, wurde Anzeige erstattet, auch wenn die Schulbehörde Wittgenstein freisprach. 1926 gab er die Stelle auf.

Das Wörterbuch für Volksschulen

Wittgenstein hat zu Lebzeiten wenig veröffentlicht. Neben den philosophischen Werken wie der *Logisch-philosophischen Abhandlung* veröffentlichte er im Jahr 1926 das *Wörterbuch für Volksschulen*. Ein Wörterbuch – besonders für Kinder – zeigt das Sprachinventar einer Gesellschaft auf grundsätzlicher Stufe. Dass ein Sprachphilosoph dies Wörterbuch schreibt, sagt etwas über das Verhältnis von Theorie und Praxis – die Erprobung der Sätze ist hier ganz elementar – und verbindet mit denen, die das Wörterbuch verwenden werden. Es ist eine Anleitung für den tatsächlichen Gebrauch, eine konkrete Hilfe, „aus der Praxis des Verfassers hervorgegangen: Um die Rechtschreibung seiner Klasse zu bessern, schien es dem Verfasser notwendig, seine Schüler mit Wörterbüchern zu versehen, um sie in den Stand zu setzen, sich jederzeit über die Schreibung eines Wortes zu unterrichten". Manchmal ließ Wittgenstein die Kinder selbst ihre Fehler suchen, nachdem er gekennzeichnet hatte, dass in einer Zeile ein Fehler war – eine eher moderne Methode. Ebenso soll der Schüler „sich als alleiniger Verfasser seiner Arbeit fühlen und auch allein für sie verantwortlich sein", was den Lernenden schon eine relative Form der Autorschaft zuweist, wozu ein gewöhnlicher Volksschullehrer wohl weniger geneigt hätte. In Otterthal hatte er 1924 und 1925 an dem Buch geschrieben. Dass nur Wörter aufgenommen werden sollten, „die österreichischen Volksschülern geläufig sind", zeigt die Orientierung am gegebenen Wissen eines Lernzusammenhangs, dem nichts hinzugefügt werden sollte, das diesen überstieg.

Die Liebe zu einer Schweizerin

Die einzige Frau, zu der sich Wittgenstein während seines Lebens hingezogen gefühlt haben soll, war die Schweizerin Marguerite Respinger (siehe rechts). Sie lernten sich Ende der 1920er Jahre kennen, als Wittgenstein in Wien ein Haus für seine Schwester Margarete baute. Marguerite wird als lebensfroh und fröhlich beschrieben. Sie sahen sich, wenn sie die Kunstschule in Wien besuchte und später auf die Baustelle kam. Wittgensteins eigener Ernst und der sonst übliche fast rigorose Anspruch an seine Freunde wurden hier aufgelockert. Nicht alle sahen dies gern, manche fragten sich, ob sie zueinander passen könnten. Doch sie sprach zu ihm. Man unternahm Bootsfahrten. Wittgenstein lud Marguerite nach Norwegen ein, wo er philosophisch arbeitete, um, aus Sicht Wittgensteins, ein gemeinsames Leben mit ihr zu planen. Beide würden sich, so dachte er, in ruhiger Betrachtung zurückziehen. Er wollte sie heiraten, doch die Ehe war ihm, wie er der Frau eines Freundes anvertraute, etwas Heiliges und er wollte nicht leichtfertig davon sprechen. Körperliches war ihm nicht damit verbunden, die Ehe sollte platonisch sein. Marguerite heiratete später Talle Sjögren, die Familien Sjögren und Wittgenstein waren in Wien durch lange Freundschaft verbunden. Wittgensteins Ernsthaftigkeit wollte verstanden und hingenommen werden, eine Herausforderung für die, die mit ihm umgingen; auch die Möglichkeit, ihr eigenes Leben (im Sinne der ethischen Standards seiner Familientradition) zu bessern. Marguerite Respinger sagte später, Ludwig Wittgenstein sei ein Stern in ihrem Leben gewesen, sie empfand ihn als etwas Fernes und Schönes.

Das Haus für die Schwester: hausgewordene Logik

Zwischen 1926 und 1928 baute Ludwig Wittgenstein zusammen mit dem Architekten Paul Engelmann ein Haus in Wien für seine Schwester Margarete (Gretl). Im Sommer 1926 war er nach Wien zurückgekehrt und näherte sich seiner Familie wieder an, nachdem sein Vater 1913 gestorben war. Der Architekt Adolf Loos, der jene Zeit durch klare Linien und eine vom Ornamentalen abgewandte Nüchternheit prägte und die moderne Architektur entscheidend beeinflusste, machte ihn mit seinem Schüler Paul Engelmann bekannt. Dieser hatte bereits für die Familie Wittgenstein gearbeitet. Ludwigs Schwester suchte einen Architekten für ein neues Stadthaus auf einem Grundstück in der Wiener Kundmanngasse 19 und der Philosoph wurde in die Planung einbezogen. Er arbeitete nicht nur mit Engelmann und Jacques Groag zusammen, sondern prägte das Projekt und hatte sehr genaue Vorstellungen bis in die Details hinein. Engelmann sagte später, Wittgenstein habe die Wünsche der Schwester besser verstanden als er selbst. Ludwigs Schwester Hermine bezeichnete das Gebäude als „hausgewordene Logik", die Margarete „wie ein Handschuh passte". Wittgenstein sagte: „Architektur ist eine Geste", zeigend, etwas aufweisend, auch in diesem Sinne ist das Engagement des Philosophen zu verstehen. Nach Protesten konnte das Haus trotz Abbruchplänen erhalten werden. Heute beherbergt es – mit der Adresse Parkgasse 18 – das bulgarische Kulturinstitut.

Architektur als Geste

In Wien hatte der Hausbau für die Schwester Wittgenstein beschäftigt und über neue Dinge nachdenken lassen. Das Gebaute ruht nicht im *Bau* (eine Metapher, die wir von Kafka kennen). Paul Wijdeveld hebt hervor, dass Wittgensteins Stil als Architekt durchaus Unterschiede zu Adolf Loos besitze, etwa solle die *Kundmanngasse* als reinigende Geste gegenüber der damals modernen Architektur aufgefasst werden. Purifizierung ist ein Leitmotiv der Frühphilosophie Wittgensteins im Sinne der Rücknahme des verbalen Ausdrucksraumes, indem etwas aufgewiesen, aber nicht direkt gesagt wird. Die Architektur ist dennoch kein Umweg. Ihre materiale Evidenz, die Gegenwart von Stein und vorherigem Plan, bedeutet eine höhere Einfachheit: *Simplex sigillum veri* – Einfachheit ist das Kennzeichen der Wahrheit. Wahrheitsemphase bedeutet hier zugleich, sofern man den von Wittgenstein geplanten Bau als ungewöhnlichen Werkbestandteil sehen möchte, die Suche nach Ausdruck mit der nach Reinheit zu verschwistern. Nichts Überflüssiges, Ablenkendes, „Schwefelndes" ist einem Ausdruck hinzuzufügen. Wittgenstein betonte, dass gute Architektur „einen Gedanken ausdrückt". Dies gibt ihr den epistemischen Aspekt, der ihre Reichweite – jenseits der Konnotation eines Hauses von heimatlicher Geborgenheit oder repräsentativer Form – an Fragen des Geistes bindet.

Paul Engelmann

Paul Engelmann (1891–1965, siehe rechts) sei in seiner weniger auffälligen, zurückhaltenden Art ein „Medium" des Hausbaus gewesen, so Ursula Prokop. Wittgensteins Dominanz prägte den Bau wie die Arbeit daran; schon während er noch in Otterthal unterrichtete, hatte Engelmann mit ihm, wenn Wittgenstein in Wien war, über entsprechende Pläne gesprochen. Die vielschichtige Pracht der Baustile im mährischen Olmütz, wo Engelmann geboren wurde, wurde durch die Präzision der *Kundmanngasse* konterkariert. Baustile sind Denkstile und Charakterausdruck. Dies galt hier auch für die Planung und Durchführung: Der „Willensmensch" Wittgenstein überraschte Engelmann, der bald merkte, dass seine ursprünglichen Vorstellungen vor dem größeren Willen des Philosophen in eine Ferne rückten. Der Abschied kam, nachdem das Haus fertig und bezogen worden war, mit einer Bitte um Verzeihung, auch er, Engelmann, werde Wittgenstein verzeihen. 1937 sprach Wittgenstein von seiner „Gemeinheit", er hatte die Gewohnheit, verschiedenen Menschen Geständnisse zu machen, über seine Schlechtigkeit oder sein Ungenügen. Engelmann betonte noch zuletzt die geistige Bedeutung Wittgensteins. Beide trafen sich für eine begrenzte Zeitspanne im Suchen nach Klarheit und jener Anständigkeit, die Wittgensteins Herkunftssphäre als Gebot geprägt hatte.

Architektur, Ironie und Ernst

Es geht nicht nur um das Bauwerk aus Stein. Das Haus ist, wie jede architektonische Ausprägung, in einem Gefüge situiert: Ernst- und Ironiediskurs. Was mit Hegel Ernst war und gegen die deutsche Romantik deren subjektives Begehr gegen das System mit Bann belegte, stellt sich im Fall Wittgensteins als eigentümliche Durchdringung der Sphären dar: Das neu entworfene Haus partizipiert an Kontextbedingungen, die dem Bauwerk seine Bedeutung geben. Architektur ist jedoch nicht nur Besetzung der räumlich interpretierten Lebenswelt. Wie Wittgenstein Engelmanns neoklassizistischen Entwurf gereinigt hatte und an ein Purifizierungsbestreben anschloss, ist die architektonische Geste, von der Wittgenstein spricht, auch eine Affektform. Architektur ist subversiv, kann das Gegebene angreifen, kann Gegenentwurf zum Etablierten sein. Angesichts der bestimmenden Intensität des Philosophen entfremdete Engelmann sich von seiner Autorschaft, seiner Position im Geschehen. Die Polarisierung von Ernst und Scherz im 19. Jahrhundert, die einem synthetischeren Charakter im 18. Jahrhundert entgegenstand, zeigt sich auch hier: Die musterbildende Kraft des Genies kann als Strukturbildung ohne Ausnahme aufgefasst werden, die die gegebenen Polaritäten relativiert und etwas Eigenes tut. Ironisierung von Autorschaft (das Zurücktreten Engelmanns im Planungsprozess zugunsten Wittgensteins) trifft auf die Evidenz des Bauwerks als Gegenwart eines Ernstes, der als „erratischer Block" (Kapfinger) auf eine Modernität weist, die ihre heterogenen Ausprägungen nicht ohne Widerstände entfalten wird.

Interesse an Wittgensteins Werk und an seiner Biografie

Wittgensteins Leben hängt mit der Gestaltung seines Werkes zusammen, aber nicht in der absehbaren, leicht zu kritisierenden Weise, die diese Biografie „spannend" oder „interessant" findet, etwa weil auf ein Aufwachsen in Reichtum eine selbstgewählte Einfachheit folgte. Diesem Klischeedenken ist nicht zu folgen. In gewisser Weise waren Leben und Werk indes nicht getrennt – der ethische Anspruch an die Mitwelt findet sich auch innerwerklich, obwohl Wittgensteins Werk keine Ethik im gewöhnlichen Sinne aufweist. Dies ist nur auf den ersten Blick ein Widerspruch. Im *Vortrag über Ethik*, der keinen akademischen Adressatenkreis hatte, versteht Wittgenstein Ethik in einem engen Sinn als Versuch, absolute Werturteile zu treffen nach dem Muster „x ist gut". Dies geht seiner Ansicht nach nicht, da Faktenaussagen nur relative Werturteile implizieren können – z.B. nicht „Elisabeth ist gut", sondern nur „Elisabeth spielt gut Tennis". Auch wenn gesagt wurde, dass Wittgensteins Werk in Sachen Ethik eine Lücke hat, gibt es durchgängig – vom Frühwerk des *Tractatus logico-philosophicus* (1921/22) bis hin zu den *Philosophischen Untersuchungen* (1953) eine Aufmerksamkeit für den Nebenmenschen als Haltung, die mit einem Wissen um den höheren Bereich verbunden ist und damit, dass einige Dinge nicht ausgesprochen werden können. Der ethische Anspruch zeigt sich gerade darin, darüber zu schweigen, wovon man nicht sprechen kann.

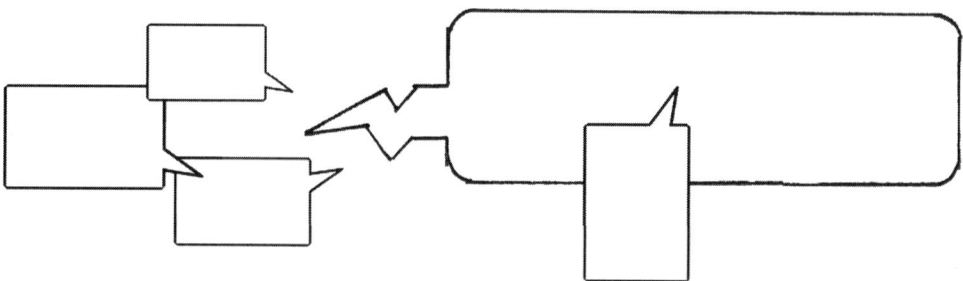

Der *Linguistic Turn*: Die Wende zur Sprache

Auch wenn im Moment *turns* eine beliebte wissenschaftliche Diagnose sind, kann als grundlegendste der Wendungen im Prozess des Denkens die Wendung zur Sprache angesehen werden, die als Medium allgegenwärtig und unverzichtbar ist. Im 20. Jahrhundert wurde in Werken von Bertrand Russell, G. E. Moore, des Wiener Kreises und natürlich Wittgensteins auf die Wichtigkeit der Rolle der Sprache in der philosophischen Untersuchung hingewiesen. Sprache vermittelt nicht nur einen von ihr scheinbar abgetrennten Inhalt im Dienst eines philosophischen Arguments, sondern die Art der Formulierung hat Teil an der philosophischen Aussage oder Äußerung. Der Ausdruck *linguistic turn* wurde zum ersten Mal in der Mitte des 20. Jahrhunderts von Gustav Bergmann verwendet; Richard Rorty nannte so im Jahr 1967 eine von ihm herausgegebene prägende Anthologie. Obwohl der Ausdruck also jüngeren Datums ist – und etwa die „Philosophie der normalen Sprache" unter diesen Ausdruck gefasst wird – gab es bereits zur Zeit des 19. Jahrhunderts eine heute meist vergessene Sprachkritik, in der sehr ähnliche Dinge erkannt worden waren: Otto Friedrich Gruppe, Conrad Hermann u.a. Dies wirft ein Licht darauf, wie Wissenschaftsgeschichte und wissenschaftliche Überlieferung funktionieren: Nicht das Beste und Relevanteste setzt sich durch und wird sichtbar, sondern das, was am besten an jene Kanäle angeschlossen ist, die Anerkennung verteilen. So ist die Frage der Wende zur Sprache auch die nach der angemessenen Sichtbarkeit wissenschaftlicher Ergebnisse und Denkbewegungen.

Frühphilosophie: Tractatus logico-philosophicus

Als Wittgenstein in Cambridge gewesen war, hatte Russell zu Hermine Wittgenstein gesagt: "We expect the next big step in philosophy to be taken by your brother." Die Einlösung dieser Erwartung begann mit der Veröffentlichung der *Logisch-philosophischen Abhandlung*, einem grundsätzlich angelegten Werk, in dem in Auseinandersetzung mit Fragen, die von Russell und Frege herstammten, Lösungen für dort aufgeworfene Probleme formuliert wurden. Heute wird das Werk meist als *Tractatus logico-philosophicus* bezeichnet, nach dem Titel, den G.E. Moore (in intertextueller Referenz auf Spinozas *Tractatus theologico-politicus*) für das Buch gefunden hatte. Der *Tractatus* bezieht sich wenig auf philosophiegeschichtliche Entwicklungen früherer Zeiten, doch man wird ohne Kenntnisse von Logik oder der Problemstellungen, auf die Wittgenstein antwortet, es nicht leicht mit dem Verstehen haben. Philosophische strenge Sätze (wie der berühmte Beginn: „Die Welt ist alles, was der Fall ist.") stehen neben solchen, die das Mystische, das Schweigen, den Tod oder den Willen als Träger des Ethischen zum Thema haben. Lebensthemen werden berührt in diesem monolithischen Werk einer starken Konzentration (auch wenn es in 6.52 heißt, dass die Beantwortung aller möglichen wissenschaftlichen Fragen „unsere Lebensprobleme noch gar nicht" berühre. Es war eine Anstrengung, im Weltkrieg, in dem Wittgenstein das Manuskript bei sich trug, in Gesprächen zur Konturierung seiner Gedanken, in der Einsamkeit. „Die Welt des Glücklichen ist eine andere als die des Unglücklichen." (6.43) Unabweisbare Evidenz wie etwas Bezwingendes – und eine Einsicht in die drängende Bedürfnisnatur, die etwas will, das sie selbst nicht kennt, von Logik nicht getrennt.

Textform

Der *Tractatus* ist strikt gegliedert in Dezimalsätze, sieben Hauptsätze mit (bis auf Satz 7) untergliederten Sätzen, die diese erläutern. Diese Darstellungsweise solle das „logische Gewicht der Sätze" andeuten. Joachim Schulte hebt hervor, dass dies nicht so verstanden werden dürfe, „als enthielten die übergeordneten Sätze stets die Prämissen eines Gedankengangs, die untergeordneten die Konklusion." Das Verständnis im Sinne einer Lesereihenfolge ist nicht in dieser Weise festgelegt. Der Grundgedanke des Werkes, so Schulte, sei von Wittgenstein nachgerade versteckt worden – in Satz 4.0312. Verena Mayer bezeichnet das Nummerierungssystem mit Blick auf den *Prototractatus*, der im Frühjahr 1918 fertiggestellt war, als Hilfe in der Werkkomposition: Wittgenstein habe Sätze markieren können, die weitere Arbeit erforderten, ohne die grundlegende Struktur zu zerstören. Als Konstituente des Textverständnisses ist die Darstellungsform nicht nur nicht sekundär, sondern bedeutet bei Wittgenstein eine Empfehlung für Aufmerksamkeitslenkung und rezeptive Leistung, die den Lesenden einiges überlässt, aber auch formal ein Exaktheitsideal sichtbar macht, das mit den Forderungen des Wiener Kreises korrespondieren sollte, die sich auf den *Tractatus* berufen, obgleich Wittgenstein nicht alle ihre Annahmen teilte.

Umstände der Veröffentlichung

Wittgenstein suchte sein Werk zu veröffentlichen und wurde von Russell und Dorothy Wrinch, einer Mathematikerin, unterstützt. Diese stellte den Kontakt zu Wilhelm Ostwald her, der die Vierteljahresschrift *Annalen der Naturphilosophie* herausgab. Er war Mitglied der *Sächsischen Akademie der Wissenschaften zu Leipzig* und wollte auf Basis der Erkenntnisse der Naturwissenschaften einen philosophischen Beitrag leisten. Russell sollte eine Einleitung schreiben, deshalb publizierte Ostwald Wittgensteins Werk – wenn auch in Form des erhaltenen Typoskripts, ohne Korrekturen und mit fehlerhaften Zeichen. Wittgenstein bezeichnete diese Veröffentlichung als „Raubdruck" und Ostwald als Scharlatan. Gleichzeitig hatte Russell das Londoner Verlagshaus Kegan Paul für das Manuskript interessieren können. Frank Ramsey, ein Student in Cambridge, übersetzte das Werk mit C.K. Ogden. 1922 erschien es zweisprachig ohne die Fehler der ersten Veröffentlichung im Jahr 1921, die Wittgenstein verärgert hatten. Der *Tractatus* diente im Jahr 1929 als Doktorarbeit, die in Cambridge im Trinity College vorgelegt wurde – ein eher informelles Ereignis, in dessen Verlauf Wittgenstein den Prüfern Moore und Russell versicherte, sie würden es nie verstehen.

Das Motto

Dem *Tractatus* ist das Motto vorangestellt: „...und alles, was man weiß, nicht bloß rauschen und brausen gehört hat, läßt sich in drei Worten sagen." Es stammt von Friedrich Kürnberger (1821–1879), einem österreichischen Schriftsteller, der an der Revolution von 1848 teilnahm und auf den sich Karl Kraus in *Die Fackel* wiederholt bezieht. Die Worte Kürnbergers finden sich in dem Text „Das Denkmalsetzen in der Opposition" (1873) in der *Deutschen Zeitung*. Ein Motto dient der Perspektivierung des Kommenden, auch der Betonung eines wichtigen Aspekts in der folgenden Darstellung, auf den während des Lesens zu achten ist. Es setzt auch Konnotationen frei, die den Lesevorgang begleiten. Im Kontext des *Tractatus* betont das Motto eine Verknappungs- und Exaktheitstendenz; auch ist es ein Einspruch gegen einen Wissensbegriff, der die Quantität von Wissen mit dessen Qualität gleichsetzt. Das Motto schlägt in der Textkomposition einen Bogen zum berühmten siebten und letzten Satz des *Tractatus*: „Wovon man nicht sprechen kann, darüber muß man schweigen." Das Schweigegebot, das sich aus inhaltlicher Argumentation ergibt, aber auch die Gegenwart des Mystischen als Ausblick bewahrt, ist von Anfang an Teil der Textkonstitution.

Vorwort

Nach dem Motto gibt das Vorwort eine genauere inhaltliche Perspektivierung. Es besitzt Elemente der Selbstdeutung und gibt Rechenschaft über Umstände, die den Autor beeinflusst haben, oder Denker, zu denen eine intertextuelle Referenz besteht. Wittgenstein betont, dass er „den großartigen Werken Freges und den Arbeiten meines Freundes Herrn Bertrand Russell" Dank schulde – deren Werke regten an, worüber er lange und gründlich nachdachte. Enthalten ist auch die Bemerkung, das Buch werde „vielleicht nur der verstehen, der die Gedanken, die darin ausgedrückt sind – oder doch ähnliche Gedanken – schon einmal selbst gedacht hat." Dies ist nicht nur buchstäblich zu nehmen, als habe Wittgenstein ein Duplikat dessen geschaffen, was in einem anderen Geist schon existierte. Vielmehr spricht er zu solchen, die auf seinen Ton gestimmt sind, die Ähnliches überhaupt denken können – und damit möglicherweise verstehen. Dass das Buch „kein Lehrbuch" sei, ist folgerichtig: Übereinstimmung kann nicht erzwungen werden (nicht in den einzelnen Urteilen, auch nicht im Verständnishorizont). Das Schweigegebot des letzten Satzes des *Tractatus* wird in leichter Abwandlung im Vorwort bereits erwähnt, es ist Klammer und Grenze auch des materiellen Textes. Ferner scheint Wittgenstein „die Wahrheit der hier mitgeteilten Gedanken unantastbar und definitiv. Ich bin also der Meinung, die Probleme im Wesentlichen endgültig gelöst zu haben." Nicht Übertreibung (auch wenn der Satz Ressentiments auslöste), sondern eine Erinnerung daran, was die Gedanken in Gang gesetzt hatte. Ein Problembegriff, der philosophische Probleme nicht als Zeitvertreib, sondern als ernste Angelegenheit betrachtet. Sind die Probleme gelöst, sei zudem „wenig damit getan".

Des Freundes Gegenwart – David Pinsent

Neben dem Motto ist dem *Tractatus* eine Widmung vorangestellt: „Dem Andenken meines Freundes David H. Pinsent gewidmet." Ihn als Leser des Buches vorzustellen, so er noch lebte, weist auf eine imaginäre Leserschaft, die Wittgenstein sich gewünscht hätte, eine Nähe, die verloren war. Pinsent (1891–1918, siehe rechts) studierte Mathematik in Cambridge mit einem Stipendium und galt als brillant. Er reiste mit Wittgenstein nach Norwegen und Island und war ihm Gefährte und Gesprächspartner. Er hatte Interesse für Philosophie und besuchte die wöchentlichen Treffen bei Russell, *squashes*. Auf einer Reise verglich er Wittgenstein mit Levin aus Tolstois *Anna Karenina* – in seiner stimmungshaften Sensibilität und Schwermütigkeit, die gefolgt sei von Zerknirschung. Pinsent arbeitete nach dem Studium u.a. im Bereich aerodynamischer Forschung. Im Mai 1918 kam er bei einem Flugzeugunglück ums Leben. An Ellen Pinsent, Davids Mutter, schrieb Wittgenstein, Pinsent sei sein erster und einziger Freund gewesen. Sie versicherte, David habe die Freundschaft zu ihm sehr geschätzt und ihn sehr geliebt.

Die Deutungen des *Tractatus*

Der *Tractatus* hat viele Deutungen erfahren. Er ist, mit Joachim Schulte, „einer der vertracktesten Klassiker der Philosophiegeschichte." Man hat allerhand Etiketten auf ihn angewendet, es kommt aber darauf an, das Werk (das einzige, das Wittgenstein als solches neben Kleinerem zu Lebzeiten veröffentlicht hat) im Kontext einer engen Zeitgebundenheit zu sehen und nicht etwa nur engstirnig einen Vertreter der analytischen Philosophie zu identifizieren. Wie weiter oben gesagt, entstammt Wittgenstein der inspirierenden Wiener Gemengelage um 1900, jener Zeit der künstlerischen Ausdrucksformen, die mit Hofmannsthal und Kraus Sprachkritik als selbstverständlichen Bestandteil der kulturellen Hervorbringung etablierten. In der Zeit der *schauerlichen Symphonie der Taten*, so Kraus nach dem Attentat auf den Thronfolger Franz Ferdinand im Jahr 1914, sind eigene Ausdrucksgesten auch ein Wagnis. Zugleich öffneten Entwicklungen in Malerei und Musik einen Erlebnisraum neu. Der *Tractatus* ist ein situiertes Zeugnis, das seine Konstitutionsbedingungen aus dieser Epoche herleitet. Die bloße Zuschreibung des Positivismus, des Exaktheitsideals, der analytischen Philosophie verkennt den Charakter des Werkes als *summa einer Zeit*, als Gegenstand, der Aufschluss gibt über mehr als die Thesen, die in ihm enthalten sind, auch wenn diese wirkmächtig wurden.

Die Abbildtheorie der Bedeutung

Die Abbildtheorie der Bedeutung ist der Beitrag des *Tractatus* zur theoretischen Landkarte der ersten Dezennien des 20. Jahrhunderts. Das „Buch von höchster Bedeutung" (Ramsey) enthält Beschreibungen über die Welt, in der sich, mit Blick auf die Bedeutungsbildung sprachlicher Sätze, Abbildbeziehungen realisieren. „Das Bild", heißt es in 2.12, „ist ein Modell der Wirklichkeit." „Die Form der Abbildung ist die Möglichkeit, daß sich die Dinge so zu einander verhalten, wie die Elemente des Bildes." (2.151) Ferner geht es um die Verbindung von Ausdruck, Bild und Satz: „Den Satz fasse ich – wie Frege und Russell – als Funktion der in ihm enthaltenen Ausdrücke auf." (3.318) Grundlegend ist 4.01: „Der Satz ist ein Bild der Wirklichkeit. Der Satz ist ein Modell der Wirklichkeit, so wie wir sie uns denken." Auch wenn es auf den ersten Blick nicht so aussehe, „erweisen sich (...) Zeichensprachen auch im gewöhnlichen Sinne als Bilder dessen, was sie darstellen." (4.011) Der Bildcharakter des Satzes ist dabei wesentlich, denn er „sagt nur insoweit etwas aus, als er ein Bild ist." (4.03) Bilder als Modelle müssen die Struktur des Sachverhalts haben, den sie abbilden. Man spricht von der Isomorphie von Abbildung und Realität, d.h. genauer von Sachverhalten und der sprachlichen Abbildung. Mit der Sprache bilden wir die Welt ab, logisch ist ein Zusammenhang gestiftet. Wahre Sätze sind strukturgleich mit den dargestellten Tatsachen. Die alte Vorstellung, dass die Bedeutung von Namen in den Eigenschaften ihrer Träger liegt (Eigennamen), wird hier verallgemeinert und als Bedeutungstheorie im philosophischen Diskurs befestigt.

Der ethische Sinn des Buches

Wie nicht übersehen werden darf, hat Wittgenstein in einer brieflichen Selbstdeutung den Sinn des *Tractatus* aus der erwartbaren Bahn der Rezeption genommen. Im Herbst 1919 schreibt er an Ludwig von Ficker, dass der Sinn des Buches „ein Ethischer" sei. „Ich wollte einmal in das Vorwort einen Satz geben, der nun tatsächlich nicht darin steht, den ich Ihnen aber jetzt schreibe, weil er Ihnen vielleicht ein Schlüssel sein wird: Ich wollte nämlich schreiben, mein Werk bestehe aus zwei Teilen: aus dem, der hier vorliegt, und aus alledem, was ich *nicht* geschrieben habe. Und gerade dieser zweite Teil ist der Wichtige. Es wird nämlich das Ethische durch mein Buch gleichsam von Innen her begrenzt; und ich bin überzeugt, daß es, streng, nur so zu begrenzen ist. Kurz: Ich glaube: Alles das, was viele heute schwefeln, habe ich in meinem Buch festgelegt, indem ich darüber schweige." Das Schweigegebot im letzten Satz des *Tractatus* nimmt dadurch noch einmal an Wichtigkeit zu. Die Begrenzungsabsicht, mit der das Werk geschrieben ist, ist die, die den Sinn jenseits inhaltlicher Zurechnungen zu Diskursen (der lauten Sprache der gewöhnlichen Wissenschaft) zu verstehen gibt. Auch dadurch besitzt der *Tractatus* neben der inhaltlich gegebenen Anschließbarkeit an bestehende Argumentationen eine Ausnahmestellung, die sich letztlich einer Wahrnehmung verdankt, die mehr sehen kann als Thesen im Austausch. Es ist ein Surplus jenseits der Sichtbarkeit des Offenkundigen, eine Erwartung an das nicht in der absehbaren Weise Gegenwärtige, das sich zeigt.

„Die Welt ist alles, was der Fall ist."

Die Welt, die im *Tractatus* beschrieben wird, ist eine logisch geordnete Welt. Was in der von Wittgenstein beschriebenen Welt „der Fall ist", wie es nachdrücklich im ersten Satz des Werkes heißt, ist nicht mit unserer direkt erfahrenen Lebenswelt gleichzusetzen. Vielmehr sind mit dem, was der Fall ist, nicht Dinge gemeint, sondern bestehende Sachverhalte. Die Welt hat eine logische Struktur, über die gegebenen Gegenstände sind die Sachverhalte gegeben. Dass eine Rose in einer blauen Vase auf meinem Fensterbrett steht, scheint zunächst auf Dinge hinzuweisen, die in meiner Welt vorkommen. Da es aber um Sachverhalte geht, genauer um ihr Bestehen oder Nichtbestehen, müssen wir uns von Intuitionen über die Welt verabschieden, die eine naive Ontologie jenseits des logischen Raumes annehmen. Es geht nicht um die Tatsachen unserer Erfahrung oder kausale Zusammenhänge. Vielmehr ist im *Tractatus* der *logische Raum* angesprochen: „Die Tatsachen im logischen Raum sind die Welt." (1.13) *Breadth and scope and profundity*, so Russell im Vorwort 1922, machten aus dem *Tractatus* ein Ereignis – auch bezogen auf die Möglichkeit, einen Begriff der Welt zu entwickeln. Wittgenstein antwortete hiermit auf logisch-mathematische Problemstellungen – im Sinne eines Lösungsvorschlags zu dem Lösungsvorschlag, den Russell in Bezug auf Frege gegeben hatte.

Freges Paradox

Frege hatte Wittgenstein im Jahr 1911 geraten, nach Cambridge zu Bertrand Russell zu gehen und damit eine Konstellation im Denkraum ermöglicht, die in ihrer Wirkung auf die Geistesgeschichte des 20. Jahrhunderts nicht nur in der Philosophie kaum zu überschätzen ist. Frege hatte die Arithmetik auf die Logik zurückgeführt (Logizismus). Er hatte, wie er durch einen Brief Russells bemerkte, seine Überlegungen (*Grundgesetze der Arithmetik* (1893)) auf ein System von Axiomen der Mengentheorie aufgebaut, das widersprüchlich war. In der Forschung wird diskutiert, ob das Paradox ein Paradox ist (A. Kemmerling: „Dieses Etikett ist sachlich falsch, denn jene Schwierigkeit ist ohnehin kein Paradox – sie zwingt uns nicht mit logisch unanfechtbarer Unausweichlichkeit aus intuitiv unabweisbaren Annahmen in ein intuitiv inakzeptables Ergebnis."). In jedem Fall gehört es zum Referenzraum des *Tractatus* – die Klasse aller Klassen könne sich nicht selbst enthalten. Russell erhob Einspruch gegen den naiven Mengenbegriff, der Objekte zu einem Ganzen zusammenfasste.

Russells Typentheorie

Um das Problem widersprüchlicher Mengenbildungen zu lösen, musste sich das Verständnis dessen, was eine Menge sei, ändern. Russell präsentierte in seiner *theory of types* eine Hierarchie von Typen auf verschiedenen Stufen, mit denen die „Russellsche Antinomie", die er bei Frege erkannt hatte, vermieden werden sollte. Verhindert wird, dass sich Symbole einer Ebene auf solche derselben Ebene beziehen. In Aussagen können sich nur Prädikate des gleichen Typs vertreten. Hatte Russell geglaubt, mit der Typentheorie das Problem zu lösen, das Freges Paradox aufgeworfen hatte, kritisierte Wittgenstein im *Tractatus* diese Lösung: In 3.33 heißt es: „In der logischen Syntax darf nie die Bedeutung eines Zeichens eine Rolle spielen; sie muß sich aufstellen lassen, ohne daß dabei von der Bedeutung eines Zeichens die Rede wäre, sie darf nur die Beschreibung der Ausdrücke voraussetzen." Russell war in den Bereich der Semantik, der *Bedeutung* gegangen und hatte die Syntax damit vermengt. Entsprechend führt Wittgenstein in 3.331 aus: „Der Irrtum Russells zeigt sich darin, daß er bei der Aufstellung der Zeichenregeln von der Bedeutung der Zeichen reden mußte."

Sagen und Zeigen

Das Logische zeigt sich, es kann nicht Gegenstand seiner selbst sein. Da dies so ist, kann es kein Paradox geben. Die Unterscheidung von Sagen und Zeigen ist eine Hauptunterscheidung des *Tractatus*, eine „Hauptsache" (so Wittgenstein an Russell). Sie ist bezogen auf die Verbindung von Satz und logischer Form: „Der Satz kann die gesamte Wirklichkeit darstellen, aber er kann nicht das darstellen, was er mit der Wirklichkeit gemein haben muß, um sie darstellen zu können – die logische Form." (4.12) Denn der Satz kann nicht außerhalb der Logik stehen, das wäre nicht im Sinne des Weltbegriffs des *Tractatus*. Das Verhältnis von Satz und logischer Form ist das einer Spiegelung oder eines Aufweisens; der Satz weist die logische Form auf (wie eine Spur, nicht wie etwas, das in ihm mitgeteilt werden sollte). „Was *sich* in der Sprache ausdrückt, können *wir* nicht durch sie ausdrücken. Der Satz *zeigt* die logische Form der Wirklichkeit. Er *weist* sie auf." (4.121)

Es handelt sich hierbei um eine Ausschlussbeziehung: „Was gezeigt werden *kann, kann* nicht gesagt werden." (4.1212) Dass der Sinn des Buches durch das Gesagte begrenzt werde, vermittelt den Gegensatz zwischen Sagen und Zeigen zudem als Bestandteil der Selbstdeutung des Werkes: Der *Tractatus* ist auch und gerade das Ethische, von innen her Begrenzte, das auf diese Weise aufweisbar wird.

Das Aufgewiesene und das Schweigen

Mit dem Aufgewiesenen sich zu begnügen, können wir als ethische Tat verstehen, eine Einwilligung in das, was hinzunehmen ist noch vor der späteren Bestimmung von Hinnahme und Lebensformen. Am Ende des *Tractatus* ist die Aufgabe gestellt, etwas zu tun, das mit dem gewöhnlichen Gang des abendländischen Logos als Verpflichtung auf einen Aktivismus der Denkbewegung gerade nicht zusammenfällt. Die Aufgabe ist in die Sätze gekleidet: „Es gibt allerdings Unaussprechliches. Dies *zeigt* sich, es ist das Mystische." (6.522) Der Ursprung des Wortes Mystik bezeichnet das Sich-Schließen von Lippen und Augen, das Heraustreten aus einem Kommunikationsvorgang. Das Aufgewiesene statt des Gesagten zu privilegieren, am Ende des Werkes, wo die Summe erwartet wird, zeigt eine Gewichtung an: Was ins Schweigen mündet (das nicht mehr beredet sein muss), ist auf eine Grenze getroffen. Die „Lösung des Problems des Lebens" (6.521) merkt man daran, dass es verschwunden ist. Das ist keine lapidare Verkürzung einer ursprünglichen Sehnsucht nach Ausdruck und Antwort, die dem Menschen als *animal symbolicum* innewohnt. Vielmehr ist im Sinne des Aufgewiesenen das, was sich dem Ausdruck nicht entzieht, nur eine Zwischenstation im Werkganzen. Um die Welt „richtig" zu sehen, müssen die Sätze überwunden werden. (6.54)

Das Schweigegebot

Überwindung lässt hinter sich, was einmal gewollt wurde. Manchmal ist die Metaphorik der Überwindung kurzsichtig, fast abgedroschen, einer einseitigen Sicht auf die Moral dessen geschuldet, der hinter sich lässt, was schadet, der damit nichts mehr zu tun haben will, der in der Absetzung von etwas für sich sorgt. Hier ist jedoch keine solche Kurzsichtigkeit am Werk. Der letzte Satz des *Tractatus* lautet: „Wovon man nicht sprechen kann, darüber muß man schweigen." Er ist Schlußstein, Verpflichtung und normative Pointe des vorher Gesagten: Es soll geschwiegen werden, man muss es tun, erst dann ist das Verhältnis von Sagen und Zeigen in eine Haltung überführt, die der Grenzerkenntnis dient und die gezogene Grenze achtet. Diese Achtung ist nicht Anerkennung, jene intersubjektive Spielform des Soziablen, die in Beifall und Bejahung sucht, was die Grenzziehung längst getan hat. Einen Schritt von der Menge zurücktreten. Das Mystische schauen, statt es gegebenen Argumentationen nur zuzurechnen. Der *Tractatus* kann vielleicht, als Ausdrucksgeste, die auf das Schweigen bezogen ist, an etwas erinnern, das gewusst wurde, bevor die Aufforderung zur Rede Intuitionen der Grenzerkenntnis überdeckte.

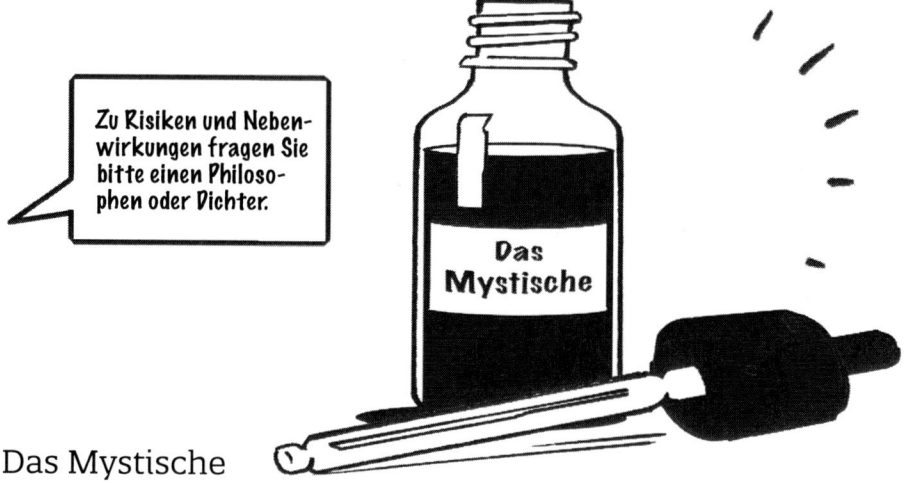

Das Mystische

Der Mystiker als Dichter setzt Rationalität nicht als Anfangs- und Schlusspunkt. Dies ist kein Paradox; Wittgensteins Auffassung der Dinge, die ihn umgaben, auch der Denkbewegungen, war nicht nur offen für das Element des Mystischen, das im *Tractatus* zu finden ist, weil es anregend sei (dies betonte mit Bezug auf einen Aufsatz Russells Brian McGuinness). Doch geht es weniger um Fragen der Angemessenheit der Annahme des Mystischen, etwa im historischen Prozess, in dem die pragmatisch-nachvollziehbaren Valeurs immer mehr zunahmen, sondern um etwas, das zu sehen und zu berücksichtigen Wittgenstein nahelag. Das Unaussprechliche zeigt sich, als Mystisches. Hier ist Wittgenstein weit entfernt von jenem Strom der Zivilisation, den er verabscheute. Das Mystische ist ein Heilmittel, fragloses Remedium, es ist auch Verzicht auf die Frage, ist ein Daß, zugleich ein Verstummen. Dass man, wie Wittgenstein schrieb, Philosophie „eigentlich nur dichten" dürfe, wird von einseitig analytisch Orientierten oft abgetan – Dekorum, unwichtige Ansicht, für ernsthafte Werkinterpretation irrelevant. Aber hier ist etwas gesagt – das Wort „eigentlich" sichert ja noch dem Normaldiskurs gegenüber ab – das letztlich auch eine ethische Bewandtnis hat: Wer Philosophie dichtete, hätte einer Forderung an sie Genüge getan, die der Diskurs der Gründe und Gegengründe nicht erfüllen kann. Sagte Wittgenstein nicht einmal etwas gegen den Gestus des Argumentierens? Der Argumentierende sagt vielleicht zu viel und lässt dem Aufgewiesenem, dem, was sich zeigt oder zeigen könnte, keinen Ort.

Grenzerkenntnis

Der mystische Ausdruck ist einer, der dem Ausdrucksprinzip und der allgegenwärtigen Kommunikativitätsnorm widersteht. Die Erkenntnis einer Grenze ist eines der Hauptmotive in Wittgensteins früher Philosophie, genauer, eine „Begrenzung von innen" (R. Heinrich). Wenn, wie es im *Tractatus* nach Wittgenstein geschieht, dem Denken eine Grenze gezogen werden soll, hat das Mystische daran Anteil, insofern es mit dem Aufgewiesenen, nicht Gesagten, im Bunde ist. Vielleicht liegt es im Herz der Zeichen selbst – 3.221: „Die Gegenstände kann ich nur *nennen*. Zeichen vertreten sie. Ich kann nur von ihnen sprechen, *sie aussprechen kann ich nicht*. Ein Satz kann nur sagen, *wie* ein Ding ist, nicht *was* es ist." Der Moduswechsel vom Was zum Wie, zur Darstellung, zum Gegebensein, wird hier angesichts der Gegenstände deutlich. Ein Kennzeichen der Modernität, lange nach den Was-Fragen der Antike, die den abendländischen philosophischen Diskurs initiierten, dem, wie Aristoteles in der *Metaphysik* sagte, „was es heißt dies zu sein" (*to ti en einai*). Das Aus-Gesprochene wäre leer. Die Gegenstände, die ich nenne, bleiben, als Genannte, in ihrer vertretenden Relation zu den Zeichen bewahrt.

„Ethik und Ästhetik sind Eins."

Dass sich die Ethik nicht aussprechen lässt, sei „klar". Sie ist aber als Bedingung der Rede mitzudenken wie das Schweigen, das in Satz 7 anempfohlen wird. Nach allem, was über Ethik gewusst werden kann, wenn sie in mehr und anderem besteht als in philosophischen Positionen, die einem Gegner zugestanden oder bestritten werden, fällt sie mit Ästhetik zusammen – beide verweisen auf etwas Höheres, den höheren Bereich, der sich im Zeichengebrauch nicht treffen lässt, da er sich nicht in dieser Weise artikuliert. Faktenaussagen sind von absoluten Werturteilen (wie „x ist gut") getrennt, nur relative Werturteile sind möglich. Ästhetik bezieht sich auf ein Vermögen der Form, zudem kann auch hier nicht ausgesagt werden, was sich im Ästhetikum verbirgt. Der höhere Bereich bleibt verborgen, durch Sprachwerkzeuge nicht antastbar – wie im Bereich des Sagbaren gerade nichts verborgen ist und die Phänomene sind, was sie sind, ohne dass hinter ihnen etwas zu suchen wäre, da sie selbst die Lehre sind, wie es bei Goethe heißt, auf den sich Wittgenstein des Öfteren bezieht.

Der Wiener Kreis

Trotz der mystischen Anklänge des *Tractatus*, die nicht vernachlässigt werden dürfen, etwa um ein geglättetes Werk aus diesem zu machen, das zu den Anforderungen des gewöhnlichen Wissenschaftsdiskurses passt, war es eine wichtige Referenzgröße des Wiener Kreises. Dieser Zusammenschluss aus Natur- und Geisteswissenschaftlern um Moritz Schlick und Rudolf Carnap seit Beginn der 1920er Jahre hatte sich der *wissenschaftlichen Weltauffassung* verschrieben, wie es in der Programmschrift von 1929 heißt. Es ging um eine metaphysik- und theologiekritische Richtung des Denkens, die Exaktheit und Nüchternheit im Sinne des Logischen Positivismus betonte und der es um Nachprüfbarkeit der wissenschaftlichen Sätze zu tun war, etwa durch das „Sinnkriterium". In Wien ging es um Grundlagenprobleme auf den Spuren von Ernst Mach (dessen *Antimetaphysische Vorbemerkungen* (1886) waren Programm) und Boltzmann (bei dem Wittgenstein einst hatte studieren wollen). Physik, Logik, ein Geist der Erneuerung (oftmals auf den Liberalismus in Wien zurückgeführt), der mit Zielen verbunden war, die wie Einheitswissenschaft oder ideale Sprache einer reduzierenden Purifizierungsabsicht verpflichtet waren. Der Kontakt zu Wittgenstein wurde gesucht – die Wichtigkeit des Schweigegebots im letzten Satz des *Tractatus* in seiner umfassenden Bedeutung aber von den positiven Zielsetzungen des Kreises nicht immer getroffen.

Überwindung der Metaphysik durch logische Analyse der Sprache

Rudolf Carnap wollte die Sätze der Metaphysik überwinden, die die Entwicklung des Denkens in Bann gehalten hatten. „Auf dem Gebiet der *Metaphysik* (einschließlich aller Wertphilosophie und Normwissenschaft) führt die logische Analyse zu dem negativen Ergebnis, daß *die vorgeblichen Sätze dieses Gebietes gänzlich sinnlos sind*." Mit dem scharfen Werkzeug der Logik, das nach Carnap zuvor noch nicht hinreichend entwickelt gewesen war, wird die Überwindung radikal ins Werk gesetzt. Ein besonderes Augenmerk gilt den *Scheinsätzen*: Auf den ersten Blick scheint eine Wortreihe ein Satz zu sein („Caesar ist eine Primzahl"), doch es ergibt sich trotz korrekter Grammatik keine kohärente Bedeutung. „Primzahl" ist eine Eigenschaft nicht von Personen, sondern von Zahlen. Auch metaphysische Sätze der Tradition verletzten oft die Syntax nicht, benutzen jedoch unzulässige Wörter – leichtes Angriffsziel war Heidegger: „Das Nichts selbst nichtet" ist nicht nur, so der Gemeinplatz, *dunkel* (und absichtlich eine eigene Ausdrucksweise, manche sagen: Jargon, kultivierend). Nach Carnap ist es sinnlos, eine derartige Rede zu führen, auch wenn der Autor des Satzes vom Nichts selbst zugibt, dass dieser widersinnig sei. Auch ein Wesen mit höherem Erkenntnisvermögen sei hier nicht impliziert. Die Verführung zu Scheinsätzen wird durch die logische Analyse durchkreuzt; die analytische Philosophie in ihren heterogenen Ausprägungen ist nach diesem Muster noch lange *temptation hunting gewesen*, Jagd nach Verführungsmomenten in der Sprache.

Rabindranath Tagore

Auch wenn Wittgenstein in Gesprächen mit Teilnehmern des Wiener Kreises, die Friedrich Waismann, der Assistent Schlicks, aufgezeichnet hat, sich zu Heidegger äußert („Ich kann mir wohl denken, was Heidegger mit Sein und Angst meint."), zum Suchen in der Mathematik („Das alte System hat keine offenen Stellen. Was man noch nicht hat, hat man überhaupt nicht.") oder zur Farbe Blau in der Erinnerung, hat er manchmal die, die von ihm eine Bestätigung ihrer Absichten erwarteten, überrascht. Einmal wandte er sich von den anderen ab und las ihnen über eine Stunde aus einem Buch des indischen Dichters Tagore vor, ein Antidot zu den Exaktheitsbemühungen. Nein, wie Carnap zu Schlick sagte, er war nicht wie sie. Wittgenstein hatte 1921 an Engelmann über Tagores Stück *The King of the Dark Chamber* geschrieben – vielleicht eine schwache Übersetzung, nicht der Ton eines Menschen, der die Wahrheit hat. Später schrieb Wittgenstein an Hänsel, dass doch etwas Großes in Tagore sei.

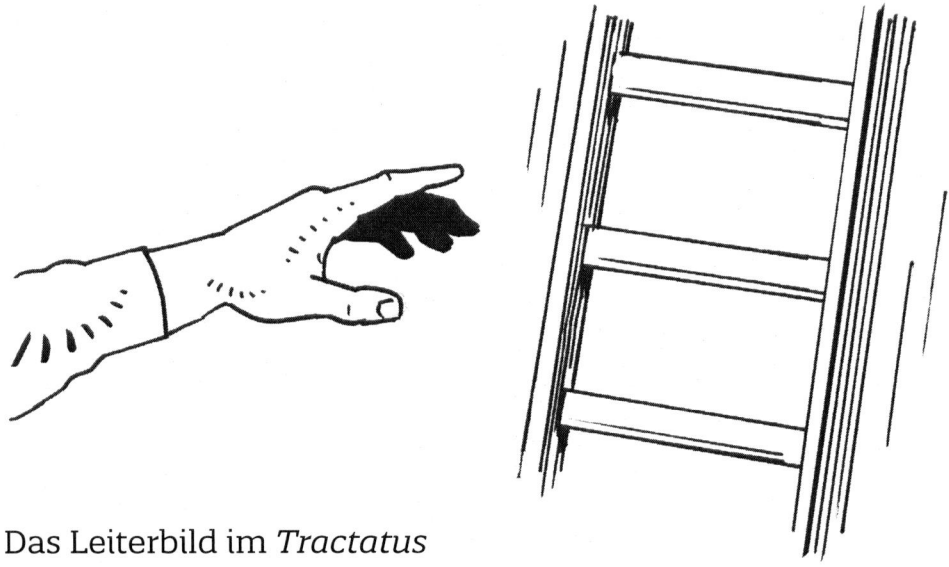

Das Leiterbild im *Tractatus*

Über den Status der Sätze des *Tractatus* wurde viel diskutiert. Wittgenstein gibt in 6.54 einen Hinweis: „Meine Sätze erläutern dadurch, daß sie der, welcher mich versteht, am Ende als unsinnig erkennt, wenn er durch sie – auf ihnen – über sie hinausgestiegen ist. (Er muß sozusagen die Leiter wegwerfen, nachdem er auf ihr hinaufgestiegen ist.) Er muß diese Sätze überwinden, dann sieht er die Welt richtig." Heißt dies, dass die erläuternden Sätze zuvor nur Schein waren oder keine wirkliche Bedeutung hatten oder dass diese Überlegungen nur vorläufig waren, da sie auf ihre eigene Überwindung, das Wegwerfen der Leiter, von vornherein abzielten? Derartige Skepsis demgegenüber, was ausgedrückt wurde, ist nicht nur genuin sprachkritisch (der Status der ausgesagten Sätze ist der, der nicht ein für alle Mal feststeht). Wittgenstein zitiert hier auch einen Topos der Hervorbringung von Texten, deren Vorläufigkeit programmatisch wird: Das Leiterbild findet sich schon im pyrrhonischen Skeptizismus. Können aber nicht nur sinnvolle Sätze etwas ausdrücken, d.h. durchkreuzt hier ein Autor seinen eigenen Aussagezweck? Können die unsinnigen Sätze etwas zeigen, aufweisen? In der Standarddeutung wird dies gesagt; die Sätze über den Zusammenhang von Logik und Welt sind von denen getrennt, die auf die Zeigekraft des Mystischen deuten. Gleichwohl kann man fragen, wie die Leiter beschaffen ist, mit der ich über das Erkannte im Prozess des Erkennens hinaussteige. Trägt sie oder verändert sie ihre Beschaffenheit im Prozess der Überwindung der Sätze, die man am Ende als unsinnig erkennt?

Resolute Reading

Cora Diamond und James Conant haben eine Interpretation des *Tractatus* geprägt, die als *resolute reading* bekannt geworden ist. Diamonds Essay "Throwing Away the Ladder: How to Read the *Tractatus*" erschien 1988. Auch Conant trat mit entsprechenden Arbeiten hervor, intensive Debatten innerhalb der Wittgensteinforschung folgten. In einer Rezension des Buches *The Realistic Spirit* wurde der Ausdruck *resolute reading* zum ersten Mal gedruckt; auf diese Art und Weise sei mit dem Leiterbild zu verfahren. Der resolute Leser nimmt ernst, dass die als unsinnig erkannten Sätze, die nach 6.54 überwunden werden müssen, wirklich unsinnig sind. Manche bezeichnen die Lesart auch als „therapeutisch" – es gehe um die Behandlung, letztlich Auflösung quälender philosophischer Probleme. Auch die bekannte Sagen-Zeigen-Unterscheidung, die etwa die logische Form als etwas betrifft, das sich im Satz spiegelt (4.121), aber nicht dargestellt werden kann, wird dann verabschiedet – auch über sie ist hinauszusteigen. Gleichzeitig wurde in der Diskussion bestritten, dass unsinnige Sätze etwas zeigen können – Zeigen könnten nur sinnvolle oder sinnlose Sätze. Diese und weitere Aspekte im Umfeld dieser Lesart werden bis heute diskutiert.

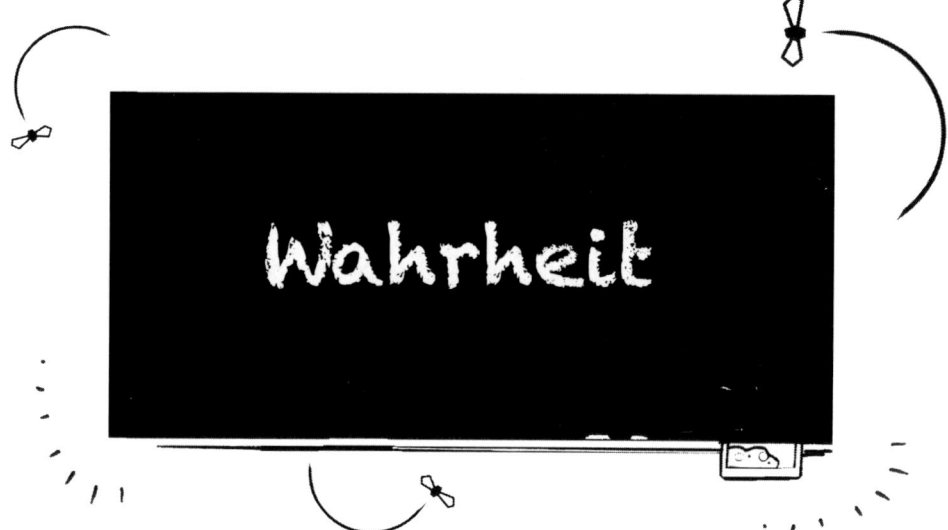

„Die Philosophie ist keine Lehre, sondern eine Tätigkeit."

Da es in der Philosophie, wie Wittgenstein im *Tractatus* sagt, um das „Klarwerden von Sätzen" (4.112) geht, haben die Sätze im Prozess des Klarwerdens keinen unantastbaren Inhalt, der autoritativ fraglos vermittelt würde. Philosophie nur zu lehren, würde – im herkömmlichen Verständnis dessen, was ‚Lehren' bedeutet – heißen, etwas Fertiges weiterzugeben, das vom Lernenden hinzunehmen sei. Wenn Sätze aber allmählich klarwerden, geht es um das Tun, d.h. philosophierend ereignet sich Verstehen. Eine Annäherung, nichts Definitives, immer neue Ansätze, Haupt- und Nebenwege. „Sollen wir sagen, die Mathematik lehre uns zählen?", fragt Wittgenstein an anderer Stelle. Lehren ist eine Aktivität, die viel verschweigt, die klar zu sein scheint, es aber nicht ist, die Notwendigkeiten historischer Situierung folgt, die auch anders sein könnten, die überschätzt wird, die in einem Kontext vorkommt, der auf eine Weise lernen lässt, die vom Lehrakt wegführt. Philosophie als Tätigkeit lässt die, die wahrnehmen, Räume ausschreiten und Wege suchen. Eine Versicherung scheinbar automatistischer Vermittlung gibt es nicht.

Charakteristik / Tätigkeit

Wenn Philosophie keine Lehre ist, sondern eine Tätigkeit, ist auch der Philosoph nicht von der Art des wissend Lehrenden, auch wenn Wittgenstein von seinen Zeitgenossen mitunter als solcher betrachtet wurde. Er kann Züge annehmen, die ihn von der Menge der Normalwissenschaftler abheben. Nach Wittgensteins Tod 1951 sagte Russell in *Mind*, dieser sei "more or less of a mystic" gewesen. Man sehe dies hier und da im *Tractatus*. Neben dieser Referenz ist auch eine Wahrnehmungsweise angesprochen: das Schauen, das Sich-Versenken, Zustände, das Nicht-Offensichtliche, ein künstlerischer Blick. Anklänge an Meister Eckhart und die „Gelassenheit" im Rückgang auf Demokrits *euthymia* (gutes Gemüt). Der Mystiker ist der, der sich in sich selbst versenkt, der Hingabe kennt und Ekstasis. Das *Wirklichkeitsganze*, ein Motiv mystischer Semantik, ist im *Tractatus* ebenso gegenwärtig, etwa in 6.441, wo es heißt, dass die Welt eine andere werden müsse: „Sie muß sozusagen als Ganzes abnehmen oder zunehmen." Und wenn es in 6.432 heißt: „Das Gefühl der Welt als Ganzes ist das Mystische", ist damit eine Affektqualität ausgesprochen, die das Verhältnis zur Welt aufschließt. Ein Zeithorizont geht über das Gegenwärtige hinaus, ist mit Spinozas Ausdruck *sub specie aeternitatis* gedacht. Der Ewigkeitsstandpunkt übertrifft zeitabhängige Umstände – wir sehen bei Wittgenstein die Fähigkeit, Zustände der modernen Welt, in denen Akzidentell-Zufälliges und Beschleunigtes vor dem Hintergrund steter Glaubensgewissheit perspektiviert werden, in eigener Weise zu beschreiben.

Frühphilosophie / Spätphilosophie

Das Verhältnis von Frühphilosophie zu Spätphilosophie, von den Sätzen des *Tractatus* zu den Bemerkungen und Abschnittfolgen der *Philosophischen Untersuchungen* wurde unter vielfältigen Gesichtspunkten betrachtet. Die Frage von Bruch oder Kontinuität – auch unter der Annahme der *middle period* – ist nicht abschließend zugunsten *einer* Antwort zu entscheiden. Motive wie das der Geordnetheit der Alltagssprache (die man als eine Ordnung verstehen kann, die uns konventional hält) oder der Wichtigkeit des Schweigens (wir finden es indirekt in der Spätphilosophie in dem, was nicht gesagt wird, in der Achtung vor dem höheren Bereich) können als kontinuierlich aufgefasst werden. Es ist indes die Frage, ob eine Einheits- oder Kontinuitätsthese vertreten werden muss, wie es etwa Kenny oder Haller tun. Wittgenstein selbst sagt im Vorwort der *Philosophischen Untersuchungen*, dass durch die Gegenüberstellung beider Werke die neue Denkweise beleuchtet werden solle. Gleichzeitig hat man zu Beginn der Wittgenstein-Rezeption „Wittgenstein I" und „Wittgenstein II" in einer Deutlichkeit unterschieden, die nach und nach durch differenzierende Überlegungen ersetzt wurde. Verhältnisbeziehungen von Hervorgebrachtem zu bestimmen, kann die Aufnahme erleichtern oder zu sehr lenken. Antworten auf Periodisierungsfragen in den Geisteswissenschaften konstituieren diese mit, nach der grundsätzlichen methodologischen Einteilung Diltheys in Erklären (Naturwissenschaften) und Verstehen (Geisteswissenschaften), auf die sich etwa Wittgensteins Schüler von Wright später prominent bezog.

Wende zur Spätphilosophie

1929 traf Wittgenstein wieder in Cambridge ein. Die Wende zu seiner Spätphilosophie war aber nicht ein einzelner, raumzeitlich individuierbarer Punkt, sondern ein Prozess, der als Anreicherung und „Wiederaneignung der bereits niedergelegten Auffassung" (Wolfgang Kienzler) beschrieben werden kann. Im Fortgang dieser Entwicklung wurden Fragen des Unendlichen u.a. betrachtet, wobei auch deutlich wurde, womit der *Tractatus* nicht befasst gewesen war. Die Wende war eine längerfristige Einschleifung, kein plötzlicher Umschlag – die Frage nach ihr wird befördert durch die Tatsache, dass Wittgensteins Gedankenwelt in Früh- und Spätwerk trennbar ist. Die erste Fassung der *Philosophischen Untersuchungen* wurde 1937 niedergeschrieben; seit 1929 ging es Wittgenstein nicht um eine „radikale Verwerfung" des Früheren, so Joachim Schulte, sondern um ein Denken noch „im Rahmen der *Tractatus*-Philosophie." In der Literatur spricht man im Zuge der Veränderungen auch von einer „phänomenologischen Phase." Hierzu sind insbesondere Merrill und Jaakko Hintikka mit *Investigating Wittgenstein* (1986) hervorgetreten. Sie datieren – mit Referenz auf den Nachlass – diese Phase auf 1913-1929, da Wittgenstein 1929 betonte, die phänomenologische Sprache nicht mehr für möglich zu halten. Ihre Absicht war, den Aspekt des Geratewohls im Umgang mit Zitaten Wittgensteins zu minimieren und seinen Sinneswandel auf einen Wechsel des Sprachparadigmas von der phänomenologischen Basissprache zur physikalistischen zurückzuführen, was weiterhin diskutiert wird.

Diaristische Schriften

Wittgenstein schrieb Tagebuch: Spiegel, Gedankenordnung, Ausdrucksfunktion. Dem ersten Band der Suhrkamp-Werkausgabe sind die Tagebücher 1914-1916 beigefügt; hier werden Fragen der Logik behandelt, die im *Tractatus* vorkommen, wie etwa der Satz, dass die Logik für sich selber sorgen müsse (5.473) und wir uns in ihr, in einem gewissen Sinne, nicht irren können müssten. Die leitmotivische Betonung des Schweigens in dieser Zeit findet sich in dem Satz „An dieser Stelle versuche ich wieder etwas auszudrücken, was sich nicht ausdrücken läßt." Die Aufzeichnungen sind Erläuterungen zu Werkaspekten, die meist nicht den expliziten Konfessionston in der Tradition Rousseaus oder Augustinus' Bekenntnisschriften oder der modernen Ich-Rede haben, auch wenn es Sätze gibt, die vom Selbstmord als „elementarer Sünde" handeln und schon das Datum des Januar 1917 tragen: „Oder ist nicht auch der Selbstmord an sich weder gut noch böse!" Die Tagebücher aus der Zeit des Ersten Weltkriegs enthalten auch codierte Bemerkungen (*coded remarks*), die ihrerseits veröffentlicht wurden. Ilse Somavilla hebt in ihrem Aufsatz „Verschlüsselung in Wittgensteins Nachlass" hervor, dass Wittgenstein wohl bewusst war, dass diese Bemerkungen recht einfach zu entschlüsseln seien – daher solle man nicht von einer Geheimschrift sprechen.

Denkbewegungen

Ein bedeutendes Dokument dessen, was Wittgenstein thematisch bewegte, das die Reichweite seines Interesses wie seiner Denkungsart zeigt, sind die Tagebücher aus den Jahren 1930-1932 und 1936-1937. Unter dem Titel *Denkbewegungen* wurden sie von Ilse Somavilla ediert und erschienen 1997 im Haymon-Verlag. „Ich bin sehr oft oder beinahe immer voller Angst." „Echte Bescheidenheit ist eine religiöse Angelegenheit." „Ich werde mit steigendem Alter mehr & mehr logisch kurzsichtig. Meine Kraft zum Zusammensehen schwindet." „In wieweit mein Denken ein Flug ist, ist gleichgültig (d.h. ich weiß es nicht & räsoniere darüber nicht). Es ist ein Schwung. -"

Das Zusammensehen, das Synthetisierende, das sich verliert, der Schwung, der kein Flug sein muss. Immer wieder die religiöse Referenz: „‚Es ist gut, weil Gott es so befohlen hat' ist der richtige Ausdruck für die Grundlosigkeit." Das Archaische dieser Sätze, eine Intuition früherer Ordnungssysteme, die im höchsten Grund das Grundlose sagten, ohne es zu wissen. Vor dem Befohlenen verblassen alle möglichen Aspirationen auf Gründe, auch darauf, durch diese Gründe geführt zu werden. Es heißt, dem Befehl nicht zu folgen, temporäre Verdichtung zu betonen, einen Grund, der uns hält und wieder vergeht (etwa in der Rede vom Flussbett in *Über Gewißheit*).

Der heilige Bezirk

„Wer nicht das Liebste am Schluß in die Hände der Götter legen kann (!) sondern immer selbst daran herumbasteln will, der hat doch nicht die richtige Liebe dazu." Dies ist Ausdruck einer Härte, die sein soll. Angesichts des geliebten Gegenstands muss man nicht schwach werden. Es ist aber auch jene Härte, die darin besteht, auf „Vorsichtsmaßnahmen" zu verzichten, also den Göttern (denken wir an die Sirenen-Episode des Odysseus und ihre Behandlung in der *Dialektik der Aufklärung*) keine Scheinvorrichtung (so Kafka in *Das Schweigen der Sirenen*) entgegenzuhalten. Dass die Sirenen, die mythischen Wesen, die ins Verderben führen, bei Kafka nicht singen, eben nicht tun, was die Erwartung des Seefahrers verlangt, ist der Kommunikationsbruch der Moderne – *rupture* statt Verführung – das Liebste in die Hände der Götter zu legen, heißt, ruhig zu geben, was am meisten bedeutet, was ausgezeichnet ist wie die glücklichste Stunde. Dagegen der „bürgerliche Geruch", die „Beschmutzung" des Gefühls, die Wittgenstein unerträglich ist. Das Geliebte zu verlieren ist Probe auf, aber auch Erinnerung an den Zustand des Geistes, es ist herzugeben an das, was als Höchstes erkannt ist und dem gefolgt wird wie einem naturhaft Anderen, Leitenden. „Geist, verlaß mich nicht! D.h., das schwache Spiritusflämmchen meines Geistes möge nicht verlöschen!" (Zitate aus den „Denkbewegungen".)

Bettler und König

„Ich bin", schreibt Wittgenstein, „wie ein Bettler, der manchmal reluctantly zugibt, daß er kein König ist." Nuancierungen, aber auch der Übergang zwischen den Seinszuständen. Ist das Königsein die eigentliche Form? In derselben Satzfolge das *„Hilf & Erleuchte! Aber wenn ich morgen etwas glauben sollte was ich heute nicht glaube, so war ich darum heute nicht in einem Irrtum. Denn dieses ‚glauben' heißt ja nicht meinen. Aber mein Glaube morgen kann lichter (oder dunkler) sein als mein Glaube heute. Hilf & Erleuchte! & möge kein Dunkel über mich kommen!"* Der Zustand zwischen König und Bettler – (*„Ich bitte, & ich hab's schon so, wie ich's haben will: nämlich halb Himmel, halb Hölle!"*) – ist ein Licht-und-Schattenspiel der Bezogenheit. Wer etwas glaubt, korrigiert nicht das einmal Geglaubte wie etwas, das gemeint wurde, das an einen etablierten Gebrauch anschloss und dann, nach Meinungsänderung, an einen anderen. Der Glaube kennt die graduellen Wechsel, das ficht ihn nicht an. Das *Dunkel* ist der zu fürchtende Zustand, in dem die Glaubensgewissheit unkenntlich wird. Glauben ist nicht einem Etwas verpflichtet, sondern bezieht sich auf das Höhere (in einer Weise, die auf nachweisbare Kenntnis verzichtet und verzichten muss). Der Bezug ist die Erfüllung; dass er da ist, dass es ihn gibt, dass er gesucht wurde, wo viele Sinnquellen ablenken, die sich darüber betrügen, dass nichts nachkommt.

Wahnsinn / Würde

Ebenfalls in den *Denkbewegungen* finden wir Betrachtungen zum Wahnsinn. Das ist nicht nur der zerquälte Zustand eines Unglücks, das durch gewohnte diskursive Standards nicht mehr eingehegt werden kann. Der Wahnsinn taucht vielmehr als etwas auf, das der Mensch nicht fliehen soll: „Du sollst so leben, daß Du vor dem Wahnsinn bestehen kannst, wenn er kommt. *Und den Wahnsinn sollst Du nicht <u>fliehen</u>.* Es ist ein Glück, wenn er nicht da ist, aber <u>fliehen</u> sollst Du ihn <u>nicht</u>, so glaube ich mir sagen zu müssen. Denn er ist der strengste Richter (das strengste Gericht) darüber ob mein Leben recht oder unrecht ist; er ist fürchterlich, aber Du sollst ihn dennoch nicht fliehen. Denn Du weißt ja doch nicht, wie Du ihm entkommen kannst; & während Du vor ihm fliehst, benimmst Du Dich ja unwürdig." Würde besteht darin, dem Wahnsinn standzuhalten – und auch darin, ihn zu erwarten. Er ist nicht eine Überraschung in ruhiger Lebensführung, ist nicht exzeptionell. Dass mit ihm zu rechnen ist, ermöglicht, ihn im Rang eines Kriteriums dafür zu sehen, wie die eigene Lebensführung beschaffen ist. An anderer Stelle sagte Wittgenstein, die Methode des Philosophierens sei, „sich wahnsinnig zu machen & den Wahnsinn wieder zu heilen." So hat der Wahnsinn einen werkgenetischen Aspekt, dem Wahnsinn ist auch zu folgen, im Sinne eines selbst herbeigeführten Zustands, der durchlebt werden muss, an dessen Ende mit der Heilung des Wahnsinns jene des philosophischen Problems steht.

Die Rolle des A priori

In einer Passage der *Denkbewegungen* bezieht sich Wittgenstein, der auf frühere philosophische Ideen eher punktuell referiert, auf einen Zentralbegriff Kants, wenn er über die „vergangene Kulturperiode" in Bezug auf das A priori sagt: „Denn nie hätte sie diesen Begriff geschaffen (!) wenn sie von vornherein die Sachlage so gesehen hätte (!) wie wir sie sehen. (Dann wäre der Welt ein großer – ich meine bedeutender – Irrtum verloren gegangen.) Aber in Wirklichkeit kann man so gar nicht räsonieren, denn dieser Begriff war in der ganzen Kultur begründet." Kulturen reflektieren ihre leitenden Prämissen oft nicht. Das A priori ist vor aller Erfahrung; apriorische Urteile sind notwendig und universell. Bei Kant ist das A priori nicht psychologisch aufzufassen, sondern im Sinne transzendentaler Logik. Kant betont, „daß wir den Dingen a priori alle die Eigenschaften notwendig beilegen müssen, die die Bedingungen ausmachen, unter welchen wir sie allein denken." Der Begriff des A priori besaß temporär eine bedeutsame Zeitgenossenschaft, war Kulmination eines Denkbaren, vorläufig gedacht, auch Irrtum. Wenn die Begründetheit im gesamten Kulturzusammenhang berücksichtigt wird, war die Lesart des A priori als Irrtum auch nur ein Zwischenspiel. (Auch verlässliche Konstitutionselemente können diese Deutung herausfordern.) Wir verhalten uns zum vor der Erfahrung Liegenden nun anders. In unserer Kultur sind die Überzeugungen des transzendentalen Idealismus als Einsatz im Spiel gegen den Kampfplatz der Metaphysik (um die sichere Bahn der Wissenschaft zu gewährleisten) eine fruchtbare Erinnerung. Doch die Leuchtkraft des Elements des Apriorischen hat gegenwärtig keine Verwendungsweise mehr, die in einer ganzen Kultur begründet wäre.

Seele und Genius

Kulturelle Prägungen weisen auf Affekte, Gefühle und Vorstellungen. Wie ein Eindruck aufgenommen wird, variiert mit der Bezüglichkeit, die jemand erträgt, auch: die er überhaupt erkennen und empfinden kann. Wer schon von den Prägungen der Kultur ummantelt ist, wer jenseits eines Erwartbaren nicht mehr berührbar ist oder dies vermeidet, erfährt nur eine Schwundform möglicher Wahrnehmung. Wittgenstein betont das Ungeschützte seines Verhältnisses zur Welt: „Ich habe eine nacktere Seele als die meisten Menschen & darin besteht sozusagen mein Genius." Der Satz aus den *Denkbewegungen* hat ein Angriffsziel, das in einer anderen Bemerkung erläutert wird: den in seinen Überzeugungen saturiert ruhenden Bürger, der sich die Anforderungen seiner Klasse als Identitätsersatz genommen hat. „Eine Seele die nackter als die andern vom Nichts durch die Welt zur Hölle geht, macht einen größeren Eindruck auf die Welt als die bekleideten bürgerlichen Seelen." Eindruck macht sie als das Fremde, Andere, das die komfortablen konventionell fühlenden Seelen ahnen lässt, was sie verloren haben. Wittgensteins Lebensweg ist eine Erinnerung an Zustände größter Aufnahmefähigkeit, auch Zugänglichkeit, die – weit davon entfernt, Modell sein zu wollen – zum Topos der „nackten Wahrheit" deuten. Braucht der Mensch, mit Blumenberg, den „verhüllenden Schein einer allen Anspruch aufs Wesentliche abwehrenden Verkleidung"?

> Ich habe eine nacktere Seele als die meisten Menschen.

Alleinsein

Viele Zustände des Alleinseins in Wittgensteins Leben führten zu philosophischen Bemerkungen; die Anwendung der Kulturtechnik des Schreibens changiert zwischen kollektiver Bezogenheit und individuellem Schreibakt. Es geht nicht um etwas wie Produktivkraft (das wäre eine Vokabel der „bekleideten bürgerlichen Seelen" (*Denkbewegungen*)), sondern um den Ausdruck in einer Situation konzentrierten Selbstgefühls. „Ist das Alleinsein mit sich selbst – oder mit Gott – nicht wie das Alleinsein mit einem Raubtier? Es kann Dich jeden Moment anfallen. – Aber ist es nicht eben darum, daß Du nicht fortlaufen sollst?! Ist dies nicht, sozusagen, das herrliche?! Heißt es nicht: gewinne dieses Raubtier lieb! – Und doch muß man bitten: Führe uns nicht in Versuchung!" Die Versuchung ist die zu uns selbst, zu dem Moment, in dem wir die Gegenwart des Raubtiers liebgewinnen können. Das Alleinsein fällt uns an, es erinnert daran, was jemand singulär vermag (als seien die Kulturepochen fern). Nicht fortlaufen. Standhalten, dem, was kommt, wenn keine Ablenkung da ist. Das Raubtier ist zu befragen, man selbst und das Echo einer höheren Instanz. Gleichzeitig bitten, den Sprechakt der Selbstdistanzierung fortführen, im Einklang mit der religiösen Forderung.

Ernst und Scherz

Wittgenstein las Kierkegaard, wovon die *Denkbewegungen* Zeugnis geben. Der dänische Philosoph hatte im 19. Jahrhundert u.a. den ästhetischen Zustand vor der Wahl, d.h. dem ethischen Zustand (hinter dem der religiöse gedacht ist) mit jener Ironie beschrieben, die in Augenblicken der Musik (Don Giovanni als Motiv) oder Verführung in jener schwebenden Unentschiedenheit gegenwärtig ist, die keine Festlegung kennt. „Kierkegaards Schriften haben etwas Neckendes & das ist natürlich beabsichtigt, wenn ich auch nicht sicher weiß; ob genau diese Wirkung beabsichtigt ist, die sie auf mich haben." Weiter heißt es: „Und dennoch gibt es etwas (!) was dieses Necken in mir verurteilt." Was die Sekundärliteratur Kierkegaards *chatter* nennt, einen Plauderton, der mit der Maske des Nebenbei spielt, dabei jedoch diesem scheinbar Nebensächlichen eine argumentative Bewandtnis zu geben scheint, traf auf Wittgensteins Charakter, der nicht beiläufig aufnehmen konnte, was ihm gegeben wurde. Er fühlt den zweckhaften Trick, mit dem Kierkegaard ihn „zu etwas veranlassen will", doch es entspricht nicht dem Respekt für alles, „was in mir ein Streben zum Höchsten zu verraten scheint." Es ist kein billiger Trick, denn er kostet Mut, aber auch einen „Mangel an Liebe zum Nächsten." Diese ist angesichts der Kunstfertigkeit zu bewahren, die sich in Sprechweisen gegenüber einem Publikum äußert. Andere in den ironischen Gestus hineinzunehmen, kann sie von dem trennen, was sich um die Seele des Nächsten sorgt, da die Ironie eines Autors „den Leser anmaßend zu machen geneigt ist." (*Denkbewegungen*)

Philosophische Untersuchungen

Das Werk, das nach Wittgensteins Tod erschien, trägt die Handschrift der Herausgeber, die die Typoskripte, aus denen es besteht, in bestimmter Weise anordneten. Georg Henrik von Wright, der mit Elizabeth Anscombe und Rush Rhees nach Wittgensteins testamentarischem Willen zum Nachlassverwalter bestimmt wurde, aber sich an der Herausgabe nicht beteiligen konnte, betonte, dass nur eines der beiden verwendeten Typoskripte die Überschrift „Philosophische Untersuchungen" trug, jenes (TS 227), das als „Teil I" zusammen mit einem „Teil II" veröffentlicht wurde. Der Herausgeber und die Herausgeberin betonten, dass Wittgenstein die letzten 30 Seiten des „Teil I" weglassen wollte, um stattdessen „Teil II" sowie Weiteres einzuarbeiten. Es ist kein in seiner publizierten Form vom Autor geplantes Werk. Dies ist zu berücksichtigen, wenn der Werkcharakter der *Philosophischen Untersuchungen* selbstverständlich angenommen wird; die Kritisch-genetische Edition, die Joachim Schulte in Zusammenarbeit mit Heikki Nyman, Eike von Savigny und Georg Henrik von Wright im Jahr 2001 herausgab, ist zu konsultieren, um einen genaueren Einblick zu bekommen. So betont Joachim Schulte einleitend, man dürfe zwar den „Teil I" der *Philosophischen Untersuchungen* ein „Werk" Wittgensteins nennen, nicht aber das Buch, das unter diesem Titel veröffentlicht wurde.

Entstehung

Nachdem Wittgenstein 1929 nach Cambridge zurückgekehrt war, führte er Gespräche und erhielt vielfältige Anregungen von Frank Ramsey, Friedrich Waismann und anderen. Er arbeitete an verschiedenen Manuskripten und Projekten und interessierte sich besonders für die Philosophie der Mathematik, die mit anderen Gedanken in Verbindung stand. Joachim Schulte hebt hervor, dass die Arbeit mit Bemerkungen in Notizbüchern ihren Anfang nahm, die später ausführlicher in Schreibbücher überführt wurden. Wittgenstein nummerierte diese oft und setzte Korrektur- und Randzeichen. Später wurden die ausgewählten Bemerkungen diktiert und in Maschinenschrift übertragen. Überarbeitungen und Korrekturen sind Teil vieler Textgenesen, bei Wittgenstein nehmen sie eine wichtige Stellung ein, indem ein Versuchscharakter unterstrichen wird, immer neu ansetzend, sich annähernd, approximativ. Dazu gehören auch Überlegungen, die Wittgenstein im Rahmen seiner Lehrtätigkeit diktierte: *Blue Book* and *Brown Book* (nach der Farbe der Einbände). Ein Schriftuniversum, in dem zum Ausdruck drängt, was möglich ist. Wittgenstein sagte in einer Bemerkung, dass man nur das aufschreiben könne, „was in der Schreibform in uns entsteht." Die Genese der *Philosophischen Untersuchungen* verweist darauf, was schreibend im Autor entstand, nicht als exklusives Wissen im Innern, sondern als allmähliche Formierung eines zu Vermittelnden.

START  ZIEL

Vorwort

Ähnlich der Programmatik des *Tractatus* gibt auch das Vorwort der *Untersuchungen* eine Perspektivierung des Folgenden, die die eigene Arbeitsweise umfasst: Das Beste, was Wittgenstein schreiben könne, würden immer nur philosophische Bemerkungen bleiben; er sah, „daß meine Gedanken bald erlahmten, wenn ich versuchte, sie, gegen ihre natürliche Neigung, in eine Richtung weiterzuzwingen." Berühmt wurde die Selbstbeschreibung der Natur dieses Werks, dieser philosophischen Untersuchung: „Sie nämlich zwingt uns, ein weites Gedankengebiet, kreuz und quer, nach allen Richtungen hin zu durchreisen. – Die philosophischen Bemerkungen dieses Buches sind gleichsam eine Menge von Landschaftsskizzen, die auf diesen langen und verwickelten Fahrten entstanden sind." Eine Methode des Probierens und der Umwege, keine lineare Fahrt, die nur das Ziel im Sinn hat. „Immer nur philosophische Bemerkungen" – es geht nicht um die Nähe zu Aphorismen, die auf eine eng eingrenzbare Pointe hinauswollen und bei Moralisten wie La Rochefoucauld oder Vauvenargues Sitte und Wirkungen von Verhaltensweisen im sozialen Raum benennen. Als „Menge von Landschaftsskizzen" sind die Bemerkungen auch Sammlung, die anderen Reisenden zur Orientierung dienen kann. Immer neue Bilder werden entworfen, Punkte von verschiedenen Richtungen her berührt. Das Skizzenbuch hat reiche Früchte getragen, es veranlasste zu neuen Reisen, manchmal zur Erweiterung der Zone, in der man etwas philosophisch Bedeutsames zu finden glaubte.

Motto: Skepsis gegen den Fortschritt

Das Motto des *Tractatus* hatte die kommenden Gedanken als Warnung vor Geschwätzigkeit (Schwefeln) und überbordendem Ausdruck perspektiviert. Den *Philosophischen Untersuchungen* ist ein Motto Johann Nestroys vorangestellt: „Überhaupt hat der Fortschritt das an sich, daß er viel größer ausschaut als er wirklich ist." In der Spätfassung (TS 227) finden wir die gestrichene Variante: „Sind diese schmerzenden Widersprüche entfernt, so ist zwar nicht die Frage beantwortet nach dem Wesen, aber der nicht mehr gequälte Geist hört auf, die für ihn unberechtigte Frage zu stellen. (Heinrich Hertz.)." Das zweite, nicht gewählte Motto gäbe eine kontinuierende Linie zu jenem des *Tractatus* insofern, als Fragen nicht mehr gestellt werden würden, die einst drängend schienen (auch wenn das nicht verwendete Motto weitere Aspekte hat). Satz 7 „Wovon man nicht sprechen kann, darüber muß man schweigen" hätte in den *Untersuchungen* ein perspektivierendes Echo. Der Nestroy-Satz aus Der *Schützling* bejaht beiläufig einen Fortschrittsskeptizismus. Er ist sehr vielschichtig, eine Nuance ist, dass die philosophische Aktivität nicht Beihilfe zum Fortschritt leiste, leisten müsse und solle, zu einer scheinbar erstrebenswerten Entwicklung, die vielleicht nur ein Phantom ist. Es geht nicht um die heute modische Rede vom Progressismus, die oftmals voller Ressentiment gegen Änderungen ist, die die eigene bürgerliche Seele bedrohen. Das Nestroy-Zitat kann auch darauf hinweisen, nicht zu viel vom Kommenden zu erwarten – nicht, weil der Inhalt nicht wichtig wäre, sondern weil er von anderer Art ist als das, was einen Beitrag zur Fortschrittsgeschichte der Wissenschaften leisten will. In der Beschreibung der Realität des Sprachgebrauchs, die sich zwar erneuert, aber mit der überlieferten menschlichen Naturgeschichte (PU 25) im Bunde ist, geht es nicht darum, der eigenen Zeit voraus zu sein.

Anfang: *Augustinian picture of language*

Wittgenstein beginnt in PU 1 mit der Beschreibung einer Konzeption, die als *Augustinisches Bild der Sprache* bezeichnet wird. Wir hören in einem ausführlichen Zitat aus den *Confessiones*, wie der kleine Augustinus Sprache lernt: Er hörte die Erwachsenen und „begriff, daß der Gegenstand durch die Laute, die sie aussprachen, bezeichnet wurde, da sie auf *ihn* hinweisen wollten. Dies aber entnahm ich aus ihren Gebärden, der natürlichen Sprache aller Völker, der Sprache, die durch Mienen- und Augenspiel, durch die Bewegungen der Glieder und den Klang der Stimme die Empfindungen der Seele anzeigt, wenn diese irgend etwas begehrt, oder festhält, oder zurückweist, oder flieht. So lernte ich nach und nach verstehen, welche Dinge die Wörter bezeichneten, die ich wieder und wieder, an ihren bestimmten Stellen in verschiedenen Sätzen, aussprechen hörte. Und ich brachte, als nun mein Mund sich an diese Zeichen gewöhnt hatte, durch sie meine Wünsche zum Ausdruck." Dies ist eine mögliche Art, den Gebrauch der Sprache und das Sprachlernen zu beschreiben, aber nicht die einzige. Augustinus hingegen stellt es so dar, als gäbe es fixierte Bedeutungen, die, ganz im Sinne Wittgensteins eigener Position im *Tractatus* als Abbildbeziehung von Sprache und Welt beschreibbar seien. Diese *nuclear polemic* im ersten Abschnitt der *Untersuchungen* ist noch eine Reminiszenz an Früheres – nun wird ein anderes Bild der Sprache präsentiert. Eines, das uns nicht mehr gefangen hält (PU 115), das Lernen als allmähliches Bekanntwerden mit einem erweiterbaren Set von Gebrauchsformen auffasst, die uns ermöglichen, in die Gemeinschaft derer einzutreten, die Sprache verwenden.

Gebrauch, rote Äpfel

Das Augustinische Bild der Sprache beschrieb das Sprachlernen auf eine Weise, die ohne Not verabsolutiert wurde. Schon in PU 1 wird die Erläuterung des Gegenentwurfs der Wittgensteinschen Spätphilosophie eingeleitet: Augustinus scheint nur an „Hauptwörter" zu denken, so Wittgenstein, was eine reduzierte Vorstellung von der Funktionsweise einer Sprache ist. Wittgenstein nimmt dies auf und bringt das Beispiel von jemandem, der einkauft. „Ich schicke jemand einkaufen. Ich gebe ihm einen Zettel, auf diesem stehen die Zeichen: ‚fünf rote Äpfel'. Er trägt den Zettel zum Kaufmann; der öffnet die Lade, auf welcher das Zeichen ‚Äpfel' steht; dann sucht er in einer Tabelle das Wort ‚rot' auf und findet ihm gegenüber ein Farbmuster; nun sagt er die Reihe der Grundzahlwörter – ich nehme an, er weiß sie auswendig – bis zum Worte ‚fünf' und bei jedem Zahlwort nimmt er einen Apfel aus der Lade, der die Farbe des Musters hat. – So, und ähnlich operiert man mit Worten." Bis hierher sehen wir eine schematische Kommunikationssituation, die beschrieben wird, als würden bestimmte eingeschliffene Regeln nicht gekannt werden. Das „So, und ähnlich operiert man mit Worten" ist jedoch, was Stanley Cavell *voice of temptation* (im Gegensatz zur *voice of correctness*) in den *Philosophischen Untersuchungen* genannt hat: Ein scheinbares Einverständnis zu etwas scheinbar Selbstverständlichem. Tatsächlich jedoch gilt: „Die Erklärungen haben irgendwo ein Ende", wie ein Folgesatz in PU 1 heißt. Komplizierte Überlegungen, die gleichsam verlangsamen und erst explizit machen müssen, was sonst als Gebrauchswissen verfügbar ist sind nicht vonnöten, sofern man zu einer Sprachgemeinschaft gehört. In Sprachverwendungsprozessen geht es nicht um feststehende Bedeutungen, die aufgerufen werden. Es geht nicht um die Bedeutung des Wortes „fünf" (danach fragt für gewöhnlich niemand), sondern darum, dass ich den Gebrauch des Wortes kenne und daher fünf rote Äpfel einkaufen kann.

Wittgensteins Sprachspiele: Positive Primitivität

Ein Grundbegriff der Wittgensteinschen Spätphilosophie – jener, die sich vor allem in dem nach seinem Tod veröffentlichten Werk *Philosophische Untersuchungen* (1953) findet, ist der des „Sprachspiels". Was ist hiermit gemeint? Wittgenstein beschreibt beispielhaft einfache Sprechsituationen, etwa die Kommunikation zweier Männer, die etwas bauen oder das Einkaufen von fünf roten Äpfeln. Diese scheinbare Primitivität ist gewollt und hat den Sinn, dass etwa deutlich hervortritt, dass die Verwendung von Sprache eine regelgeleitete Aktivität ist und Teil einer Lebensform. Wittgenstein vergleicht die Sprache mit einem Spiel: Spiele werden nach Regeln gespielt, die aber nach Art des Spiels ganz unterschiedlich sein können. Ballspiele haben andere Regeln als Schach oder Kartenspiele. Trotzdem weisen sie Ähnlichkeiten auf und sind unter dem Begriff des Spiels vereint. Zudem zeigt die Analogie der Sprache zum Spiel, dass beides Handlungen sind, etwas, das in einem bestimmten Zusammenhang (Kontext) getan wird, nicht nur etwas, über das man nachdenkt oder das man sich vorstellt. Sprache wird in einer konkreten Sprechsituation gebraucht. Wittgenstein sagt in *PU 7*, den Rahmen des Ausdrucks erweiternd: „Ich werde auch das Ganze: der Sprache und der Tätigkeiten, mit denen sie verwoben ist, das ‚Sprachspiel' nennen."

Familienähnlichkeiten: Verwandtschaften in der Sprache

Ein weiterer zentraler Begriff aus Wittgensteins *Philosophischen Untersuchungen* ist der Begriff der „Familienähnlichkeiten". In einer Familie ähneln sich manche Familienmitglieder in bestimmten Hinsichten: Bernhard hat die Nase seines Vaters, doch nicht die Augen seiner Schwester Elisabeth, Anna wiederum teilt mit dieser Schwester ihre anmutige Kinnlinie etc. Man kann also nicht sagen, dass alle das Gleiche gemeinsam haben, aber etwas haben sie gemeinsam. Verwandtschaft heißt nicht, in allen Punkten ähnlich zu sein. Dies überträgt Wittgenstein auf die Sprache. Verwendungsweisen der Sprache ähneln sich in gewissen Hinsichten, es gibt aber nichts, was allen durchgängig gemeinsam wäre. Danach hatte man lange gesucht, seit den Wesensfragen der Antike, als man dachte, um eine Sache zu ergründen (Liebe, Freundschaft, den guten Staat etc.) müsse man fragen: „Was ist x?" Davon kam Wittgenstein ganz ab. Es gibt – wie unter Menschen in ihren unterschiedlichen Familienformen – Verwandtschaften zwischen den Verwendungsweisen von Sprache, zwischen den Sprachspielen. Das genügt und ist schon sehr viel. Sprachspiele können eine Familie bilden, wie Menschen dies tun – ein Faden wird durch das Zusammendrehen verschiedener Fäden gesponnen (PU 67). Mit dem Konzept der Familienähnlichkeiten setzt sich Wittgenstein vom Wesensglauben einer früheren Zeit ab und thematisiert die Vielfältigkeit der menschlichen Sprache in ihren Gebrauchszusammenhängen, die Ähnlichkeiten der Sprache hervorbringen, aber nicht ein einziges Wesen.

Lebensformen und Lebensform

Wittgenstein spricht in den *Philosophischen Untersuchungen* von den „Lebensformen" und der „Lebensform" des Menschen. Die Position der monistischen (griech. *monos*: allein) Lebensform (im Sinne ihrer Universalität) wurde etwa von Newton Garver vertreten, für den der Begriff der Lebensform unbestimmt ist. Dass es mehrere Lebensformen gibt, die miteinander konfligieren können, sagt dagegen Rudolf Haller: „sonderbar wäre es, wenn an die Stelle des *Variationsreichtums* der menschlichen Lebensformen, über deren ursprüngliche Gestalt Wittgenstein sich in seinen Bemerkungen zu Frazer und an anderen Stellen äußert, der dürre Gedanke eines gleichbleibenden Wesens des Menschen, etwa als animal rationale gesetzt würde." Wenn Wittgenstein in PU 23 schreibt: „Das Wort ‚Sprach*spiel*' soll hier hervorheben, daß das Sprechen der Sprache ein Teil ist einer Tätigkeit, oder einer Lebensform", ist damit eine Vergleichbarkeit der Lebensformen impliziert, da unterschiedliche Lebensformen in ihrem tätigen Charakter unterschiedliche Spielregeln haben können. Es gibt ein ergänzendes Verhältnis von Pluralität und jenem Monismus, dem das Wort „Lebensform" im Singular auf die geteilte menschliche Kondition weist, etwa im Unterschied zu Tieren (*differentia specifica*). Letztlich geht es nicht darum, eine Entscheidung herbeizuführen (ein Vermittlungsvorschlag wurde von Ferber gemacht), sondern das Ergänzungsverhältnis als konstitutiv für menschliche Welterfahrung zu nehmen: Dass die Menschen in der Sprache übereinstimmen, ist „keine Übereinstimmung der Meinungen, sondern der Lebensform." (PU 241) Unterschiedliche Meinungsäußerungen brauchen eine Grundlage, die vom im Raum der triftigen Gründe selbstverständlichen Dissens nicht angefochten wird. Wer in der Lebensform übereinstimmt, dem ist erst die gemeinsame Vorstellung dessen möglich, was in einer temporär verdichteten Sozialität als übliche Artikulationsweise einer Meinung gelten kann.

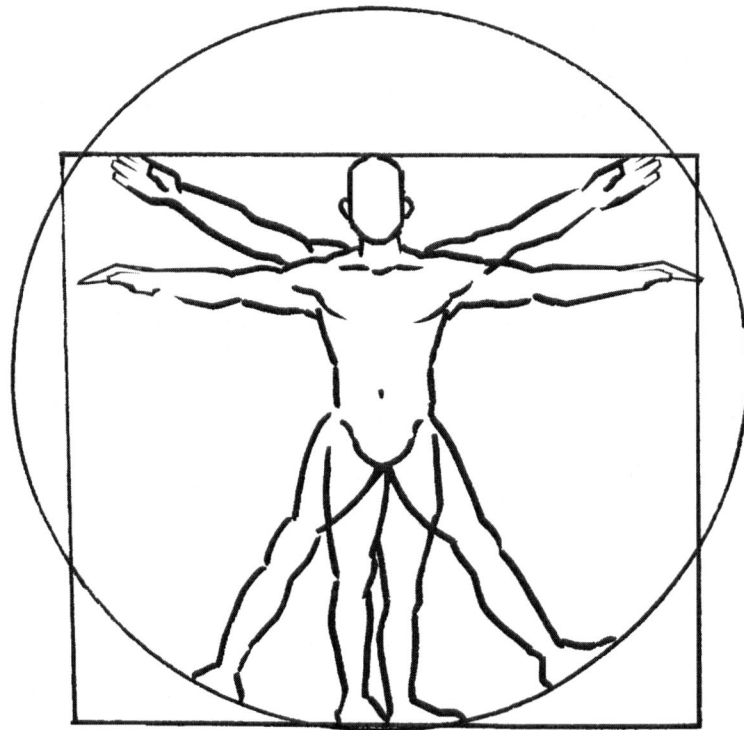

Regelfolgen

Wie Sprache Teil einer Lebensform ist und verschiedene Lebensformen in Konfliktverhältnisse eintreten können, da die in ihnen geteilten Wertüberzeugungen gegeneinanderstehen, wird das Sprachspiel durch Regeln geprägt, die sich *en passant* entwickeln: „Und gibt es nicht auch den Fall, wo wir spielen und – ‚make up the rules as we go along'? Ja, auch den, in welchem wir sie abändern – as we go along." (PU 83) Regelfolgen ist mit Behauptbarkeitsbedingungen verbunden (Stegmüller); privates Regelfolgen ist daher unmöglich, da, was behauptet wird, ein geteiltes Bezugssystem voraussetzt. Die organisierte Weltwahrnehmung wird in den Regeln, denen wir folgen, aktualisiert. D.h. die Regel ist kein Maßstab nachträglicher mühsamer Anpassung, sondern drückt aus, worauf sich eine Sprachgemeinschaft bereits geeinigt hat. PU 85: „Eine Regel steht da, wie ein Wegweiser." Wie ein Wegweiser zu verwenden ist, müssen wir erst lernen. Die Regel zwingt nicht in ihre Richtung, sondern zeigt eine Übereinkunft, an die sich hält, wer eine Sprache zu sprechen imstande ist (und verstanden werden will), also teilnimmt, ohne z.B. einen Weg zu suchen, der von dem wegführt, was durch die Übereinkunft gesichert werden sollte. Sprache als regelgeleitete Tätigkeit wird erfahren aus der Perspektive nichtbefragter Bejahung. Wer sie verwendet, hat bereits ein Einverständnis zu den in einer Sozialität geltenden Korrektheitsstandards gegeben. Sprachregeln sind keine Befehle, sondern ordnen eine Vielzahl von Sprachverwendungsmöglichkeiten in stetem Wandlungsgeschehen.

Das Paradox (PU 201)

In PU 201 schreibt Wittgenstein im Kontext der Diskussion des Regelfolgens in aller Deutlichkeit: „Unser Paradox war dies: eine Regel könnte keine Handlungsweise bestimmen, da jede Handlungsweise mit der Regel in Übereinstimmung zu bringen sei. Die Antwort war: Ist jede mit der Regel in Übereinstimmung zu bringen, dann auch zum Widerspruch. Daher gäbe es hier weder Übereinstimmung noch Widerspruch." Es scheint, als könne die Regel nicht bestimmen, wie eine Handlung auszusehen habe. Das Missverständnis rührt daher, dass „der Regel folgen" als ein Deuten vorgestellt wird. Es zeigt sich darin, „daß wir in diesem Gedankengang Deutung hinter Deutung setzen; als beruhige uns eine jede wenigstens für einen Augenblick, bis wir an eine Deutung denken, die wieder hinter dieser liegt." Wie ein Wegweiser, hinter dem ein Wegweiser steht, hinter dem ein Wegweiser steht etc. Es ergäbe sich ein infiniter Regress. Das scheinbare Paradox konnte nur entstehen, da nicht gesehen wurde, dass es „eine Auffassung einer Regel gibt, die *nicht* eine *Deutung* ist; sondern sich, von Fall zu Fall der Anwendung, in dem äußert, was wir ‚der Regel folgen', und was wir ‚ihr entgegenhandeln' nennen." Eike v. Savigny schreibt in seinem Kommentar zu diesem Abschnitt: „Die Auffassung der Regel – ihr wirkliches Verständnis – äußert sich in dem ‚was wir der Regel folgen', und was wir ‚ihr entgegenhandeln nennen': Wie wir die Regel verstehen, welchen Inhalt sie für uns hat, hängt davon ab, womit wir ihr zu folgen und gegen sie zu verstoßen beanspruchen (auch hier spricht der Text nur von Regeln, die für uns schon einen Ausdruck haben!). Die Regel hat also Inhalt, weil in der Praxis Regelbefolgung und Regelverstoß übereinstimmend (‚wir') identifiziert werden." Das „Paradox" in PU 201 war – nach Kontext in den PU – nicht Wittgensteins Paradox. Es konnte nur aufkommen, da man fälschlich das Regelfolgen als ein Deuten auffasste, obwohl Regelfolgen de facto nur möglich ist, wenn darüber, was Regelfolgen in einer Sprachgemeinschaft bedeutet, d.h. was wir Regelfolgen nennen, Einigkeit besteht.

Kripke über Regeln und Privatsprache

Dass es das Paradox in PU 201 nicht gab, da es sich nur der falschen Sicht auf das Regelfolgen als scheinbarer Deutungsaktivität verdankte, wurde von Saul A. Kripke (siehe rechts) anders gesehen. In *Wittgenstein on Rules and Private Language. An Elementary Exposition* (1982) beschreibt der Autor eine Sicht auf die Frage nach Regeln und Privatsprache, die als „Kripkenstein" in die Literatur eingegangen ist, da Wittgenstein hier eine sehr spezifische Anverwandlung erfuhr. Nach Kripke ist Wittgensteins Privatsprachenargument im Bezugsrahmen des Problems des Regelfolgens zu explizieren. Es könne hilfreich sein, in einführenden Seminaren zu schauen, welche Lösungen des Paradoxes vorgeschlagen werden würden: "Here primarily I mean responses to the paradox that we follow the rule as we do without reason or justification, rather than the philosophical theories (dispositions, qualitative states, etc.)." Es ist deutlich, dass diese Reformulierung des Paradoxes von Wittgensteins Formulierung in PU 201 abweicht. Es sei Wittgensteins „skeptisches Problem". Seine Position sei *elusive*, hintergründig, nicht ganz zu fassen, was mit der üblichen Lesart nicht übereinstimmt. Kripke mündet in einen Meinens- und Bedeutungsskeptizismus, d.h. niemand, der Sprache verwende, könne sich sicher sein, was damit gemeint sei, was in der Forschung u.a. als nihilistisch betrachtet wurde, da es die Möglichkeit einer Sprache überhaupt verneine.

Wittgenstein und die Unmöglichkeit einer privaten Sprache

In den *Philosophischen Untersuchungen* findet sich das „Privatsprachenargument". (PU 243-315). Damit lehnt Wittgenstein in der Zurückweisung des Mentalismus die Möglichkeit einer privaten Sprache ab – wie auch den Satz „Empfindungen sind privat" als Beschreibung von etwas, zu dem nur ich Zugang habe. Hätte ich die Sprache nicht, könnte ich über Empfindungen nicht in einer Weise reden, die andere verstehen würden. Der Satz hat jedoch eine grammatische Pointe, d.h. er kann uns etwas darüber sagen, wie in unserem kulturellen Kontext in bestimmten Umgebungen von Empfindungen gesprochen oder nicht gesprochen wird. Sie gehören aber nicht nur mir, sondern sind mit einer Öffentlichkeit verbunden, in der ich über sie sprechen kann. Ich kann allenfalls mit dem Satz ausdrücken, dass andere sich aus meinen Angelegenheiten heraushalten sollen, sich nicht einmischen sollen etc. Und die Geheimsprachen von Kindern? Hat dies nicht jeder schon mal erlebt? Geheimsprachen von Kindern als scheinbar private Sprachen lassen sich leicht aufschlüsseln, d.h. in Bezug auf die gewöhnliche Sprachverwendung auflösen, die eben nicht privat ist. Alle Verschlüsselungen einer Sprache sind auf einen gewöhnlichen Gebrauch zurückzuführen und in diesen wieder übersetzbar. Der wichtige Punkt ist, wenn es um die Entstehung sprachlicher Bedeutung geht: Bedeutung haben nur jene Verwendungsweisen der Sprache, die an einen vorher bereits etablierten Gebrauch anschließen.

Die „Gebrauchstheorie der Bedeutung"

In den *Philosophischen Untersuchungen* findet sich in PU 43 der *locus classicus*, auf den man sich gemeinhin bezieht, um Wittgensteins sogenannte „Gebrauchstheorie der Bedeutung" zu erläutern: „Die Bedeutung eines Wortes ist sein Gebrauch in der Sprache." Es geht nicht um Innerseelisches, einen Bezugspunkt im Inneren des Menschen, wenn erklärt werden soll, wie sprachliche Bedeutung entsteht. Stattdessen sind der Gebrauch des Wortes und die Umstände dieses Gebrauchs in einer konkreten Sprech- und Äußerungssituation zu betrachten. Mit der Betonung des Gebrauchsaspekts grenzt Wittgenstein sich von früheren Vorstellungen der Genese sprachlicher Bedeutung ab. Anders etwa als die „Philosophie der idealen Sprache" (zu der Wittgenstein durch seinen *Tractatus logico-philosophicus* selbst beitrug, den der Wiener Kreis als Bezugspunkt wählte), die mit Rudolf Carnap u.a. auf eine gereinigte, von den Unklarheiten der Umgangssprache freie Sprache abzielte, ist die Gebrauchstheorie der Bedeutung der „Philosophie der normalen Sprache" zuzurechnen. Zu dieser Richtung gehörten auch Gilbert Ryle mit seinem Werk *Der Begriff des Geistes / The Concept of Mind* (1949) und John L. Austin mit *Zur Theorie der Sprechakte / How to do things with words* (1962). In der Forschung wurde diese Standardauffassung, in der Wittgenstein die „Gebrauchstheorie der Bedeutung" zugeschrieben wird, von Eike v. Savigny, einem Vertreter der Philosophie der normalen Sprache, kritisiert: In den *Philosophischen Untersuchungen* beziehe sich der berühmte dort zu findende Satz – in seinem Kontext gelesen – nur auf das *Wort* Bedeutung, und es sei nicht angemessen, hier eine allgemeine programmatische Aussage Wittgensteins zur Frage sprachlicher Bedeutung zu entnehmen – zumal die Gebrauchstheorie der Bedeutung „vor dem Erscheinen der PU" längst populär gewesen sei.

Grammatik als Schlüsselkategorie

Wittgenstein schrieb bereits in den *Notes on Logic*: "distrust of grammar is the first requisite of philosophizing." Misstrauen ist angebracht, da Grammatik nicht nur Korrektheit von Sätzen garantiert, sondern oftmals verschleiert, wie es sich mit der Bedeutung von Sätzen, Ausdrücken, Äußerungen verhält. Man kann grammatischen Standards nicht trauen, da sie uns zwar helfen, uns in der Sprache zurechtzufinden, aber zugleich irreführenden Charakter haben können. In PU 664 unterscheidet Wittgenstein Oberflächen- und Tiefengrammatik: Erstere ist die, die wir in der Schule lernen, die auf Korrektheitsstandards und syntaktische Ordnung geht und die Lernenden basal in die Sprache einführt. Die Tiefengrammatik hingegen beschreibt Wortverwendungen mit weitem Hof, solche, die mit Handlungsweisen verschwistert sind und ein weitergehendes Kennen der sprachlichen Gepflogenheiten erfordern. Beide Formen ergänzen einander: tiefengrammatisch können philosophische Probleme erkannt und behandelt werden, ferner werden Sätze über die Sprachverwendung als grammatische Sätze bezeichnet. In der Grammatik würden keine Entdeckungen gemacht, da sie immer vollständig sei, so war der Sheffer-Strich keine Entdeckung, sondern wurde als neuer Raum erkannt.

Philosophie als Tätigkeit

Wichtig für Wittgensteins Philosophie ist, diese als Philosophieren, also als Tätigkeit, als Tun aufzufassen. Es ist keine Lehre, die von einem lebensfernen Katheder aus verkündet und einfach verordnet wird. Nur die Tätigkeit wird dem Charakter der Sprache gerecht, um die es in der sprachkritischen Philosophie geht: Sprache ist eine soziale Veranstaltung, die alle, die diese Sprache verwenden, einbezieht (auch idealiter: Machtfragen ausgeklammert). Dies hatte Wittgenstein in der späten Philosophie der *Philosophischen Untersuchungen* oder wie man früher in der Forschung mit Stegmüller sagte, in der *Philosophie II* im Gegensatz zur *Philosophie I* des *Tractatus logico-philosophicus*, betont. Philosophie ist keine Überlegung, die sich mit theoretischer Betrachtung begnügt, sondern greift ins volle Leben, findet dort ihr Material, ist selbst in diesem Leben angesiedelt. Manche Sätze leuchten mir als wahr ein, in einer Umgebung, einem Zusammenhang, einer Sprechsituation. Diese Unmittelbarkeit der Praxis, die dennoch in der philosophierenden Tätigkeit beschreibbar wird, steht für Wittgenstein höher als die lebensferne oder abstrakte Vernünftelei. Wittgenstein zitiert Goethes Faust: „Im Anfang war die Tat". In diesem Horizont ist sein Philosophieren zu sehen; es ist spezifisch modern, nicht der Lehre, der Autorität zu gehorchen (auch nicht selbst Lehren aufzustellen, denen andere folgen sollen), sondern im Philosophieren die tatsächliche Praxis des Sprachgebrauchs zu thematisieren.

Fliege und Fliegenglas

„Was ist dein Ziel in der Philosophie? - Der Fliege den Weg aus dem Fliegenglas zeigen." (PU 309) Wenn die Fliege herauskann, hat es etwas Lösendes; nicht nur ein Problem wird gelöst, sondern ein Ausweg gezeigt, ein Sich-Wieder-Auskennen ist möglich, eine Freiheitserfahrung. Die Metaphorik rekurriert auf das Zeigen, das in Wittgensteins Werk immer wichtig war: von der Sagen-Zeigen-Unterscheidung im *Tractatus* bis zu Zeigegesten in Lernvorgängen oder der Tatsache, dass sich Regelkenntnis nicht in einem Deuten, sondern der richtigen Handlungsweise zeigt. In den *Whewell's Court Lectures* steht eine Mitschrift von Yorick Smythies, der während einer Vorlesung Wittgensteins notierte, die Fliege könne nicht heraus – je stärker der Wunsch werde, herauszukommen, desto schwieriger werde es. *It is fascinated by one way of trying to get out.* Wenn wir der Fliege beibrächten, aus Fliegengläsern einfacherer Form herauszukommen, wo sie vom Licht weniger fasziniert wäre etc., könnte sie auch das ursprüngliche verlassen. Die einseitige Auffassung des Problems (nur den einseitigen Ausweg sehen), trägt zum Bestehen des Problems und der weitergehenden Gefangenschaft bei.

Beschreiben statt Erklären

In PU 109 findet sich eine scheinbar eindeutige Programmatik: „Und wir dürfen keinerlei Theorie aufstellen. Es darf nichts Hypothetisches in unsern Betrachtungen sein. Alle *Erklärung* muß fort, und nur Beschreibung an ihre Stelle treten. Und diese Beschreibung empfängt ihr Licht, d.i. ihren Zweck, von den philosophischen Problemen." Das Wort „Erklärung" ist im Sinne der (natur-)wissenschaftlichen Erklärung als Hypothesenbildung aufzufassen, wie auch die „Theorie". Da die Beschreibung ihr Licht von den philosophischen Problemen empfängt, ist sie nicht nur deskriptiv im Sinne einer Abstinenz, auch wenn es um die Auflösung der Probleme geht. Es wird nicht jeglicher Normativität abgesagt. Die Beschreibung fördert vielmehr zutage, wie gegebene Sprachverwendungsweisen zu Verwirrung führen können – man hat sich nicht Rechenschaft gegeben, wie ein Wort tatsächlich verwendet wird, sondern fragt fälschlich nach Deutung, Interpretation, Meinen etc. Das „Alle Erklärung muß fort" hat eine sehr spezifische Bedeutung: „Es geht nicht etwa um Erklärungen allgemein, sondern um Rechtfertigungen des Sprachgebrauchs, die ganz fehl am Platze sind; das zeigt der Vortext seit PU 89." (Eike v. Savigny)

„Wenn ein Löwe sprechen könnte,
wir könnten ihn nicht verstehen."

Was wir verstehen können, verstehen wir innerhalb unserer Lebensform. Die Sprache des Löwen hätte Bezugspunkte, die uns fernstehen, er kommuniziert in dem, was wir „Vorformen" nennen, nicht aber, um sich uns anzunähern. Die Frage der Vergleichbarkeit der Kommunikationsformen kommt im sogenannten „Teil II" der *Untersuchungen* auf, da es um die Frage geht, ob wir den Platz des Anderen einnehmen können – dass ich nicht weiß, was in ihm vorgeht, stellt uns für gewöhnlich nicht vor Probleme, es ist eine typische Bemerkung (wenigstens in einem philosophischen Diskurs) von jemandem, dem die Beschreibung des gegebenen Sprachgebrauchs nicht ausreicht. In der gewöhnlichen Sprachverwendung haben wir uns nicht nur meist damit abgefunden, dies nicht wissen zu können, sondern das Ignoramus eingerechnet. (Lebensformen als das „Hinzunehmende, Gegebene" können vieles einschließen.)

Wittgenstein über die Seele

„Der menschliche Körper ist das beste Bild der menschlichen Seele." (PU „II") Keine behavioristische Verkürzung oder obskure Physiognomik ist hier angesprochen, sondern eingeschliffene Orientierungen an dem, was sich zeigt. Im gemeinsamen Kontext geben Körper Auskunft; als Bild der menschlichen Seele verweisen sie auf eine Rahmung im größeren Rahmen geteilter Bezogenheit (sie haben unfreiwillig zeigende, deiktische Qualität). Der traurige Körper, was bildet er ab? Seine Ausdrucksqualitäten sind nicht unveränderlich ins Bild festgestellt, sondern lassen uns an Seelenzustände denken, die wir mit *diesem* Ausdruck in unserer kulturellen Bedingtheit verknüpfen. Einer Seele die Traurigkeit abzunehmen (Verlaine), auf bekannten und unbekannten Wegen, kann Ordnung bestätigen und Ordnung brechen. Was wir sehen, ist oft genug.

Johann Wolfgang von Goethe (1749–1832)

Man suche nur nichts hinter den Phänomenen: sie selbst sind die Lehre.

Nichts ist verborgen

Dass nichts verborgen ist, ist ein Grundbass in Wittgensteins Aufzeichnungen der Spätphilosophie. Wir müssen nicht suchen, sondern sehen, was wir gefunden haben, was wir kennen, was gemeinhin ausreicht. Es geht nicht (nicht hier) um U-Topisches, das keinen Ort hat. Das metaphysische Bedürfnis (Schopenhauer), das drängt, Gegebenes zu überschreiten gehört zur Ausstattung und schon Kant sagte, die menschliche Vernunft wolle (schuldlos) über sich hinaus, auch wenn das metaphysische Bedürfnis noch eine andere Tönung hat. Dass nichts verborgen ist, heißt, nichts hinter dem zu suchen, was man sieht (mit Goethe, der in den *Maximen und Reflexionen* sagte: „Man suche nur nichts hinter den Phänomenen: sie selbst sind die Lehre."). Was verborgen ist „interessiert uns nicht" (PU 126) und – im Kontext der Frage, wie der Satz es macht, dass er darstellt – lenkt, als gesuchter Bezugspunkt, von einem Wissen ab, das wir haben. „Es ist ja nichts verborgen." (PU 435) Dies ist keine Reduktion, sondern ein Verweis darauf, dass Philosophie alles lässt, wie es ist (PU 124) und aus Begründungslogiken heraustritt, die zu Problemen führten, die fälschlich fernab des Anteils gelöst werden sollten, den die Sprache am Denken hat, wie es ein Sprachkritiker des 19. Jahrhunderts formulierte.

Aspektwechsel

In PU „II" xi findet sich der „H-E-Kopf", eine Kippfigur, die aus der Gestaltpsychologie kommt und als Hasen- oder Entenkopf gesehen werden kann (siehe oben). Wie Kippfiguren in unterschiedlicher Weise wahrgenommen werden können, ist das Sehen-als auch in der Philosophie der Sprache bedeutsam: Einen Aspekt zu sehen, wird mit dem Erleben der Bedeutung eines Wortes parallelisiert. Der Aspektblinde, der einen Aspekt des Kippbilds nicht aufleuchten sehen kann, ist wie der Bedeutungsblinde, der die Wechsel von Bedeutungen nicht erkennen kann. Hilary Putnam betonte, dass eine Gestalt, die in verschiedener Weise wahrnehmbar ist, zu einer Unterscheidung zwischen dem mentalen Bild und dem physischen Bild führt, das die Eigenschaft der Mehrdeutigkeit nicht hat. Dass sich das stetige Sehen eines Aspekts vom Aufleuchten eines Aspekts unterscheidet, lässt sich zudem auf den Gang der wissenschaftlichen Überlieferung und das Hineinkommen des Neuen in das Überlieferungsgeschehen übertragen: Heterodoxe, in einem etablierten Sinnzusammenhang neue Elemente forcieren Aspektwechsel, bringen neue Wahrnehmungsweisen in etablierte Formationen, die sich im Wissensdiskurs temporär verdichtet hatten und ermöglichen ein neues „Seherlebnis", wie Wittgenstein über das Aufleuchten des Aspekts sagt, das „halb Seherlebnis, halb ein Denken" sei. Dass der Ausdruck des Aspektwechsels „der Ausdruck einer neuen Wahrnehmung, zugleich mit dem Ausdruck der unveränderten Wahrnehmung" ist, weist auf Gepflogenheiten der Kultur und die Möglichkeit, an ihnen teilzunehmen – als Grundfertigkeit im Umgang mit allfälligen Kontextwechseln, die zu Wahrnehmungswechseln führen, ist die Fähigkeit zu nennen, etwas als etwas anderes sehen zu können.

Philosophie als Therapie

Auch wenn Bedeutungsblindheit manchmal nicht zu behandeln ist, sagt Wittgenstein über die philosophische Tätigkeit: „Der Philosoph behandelt eine Frage; wie eine Krankheit." (PU 255) Mit der „genüßlich doppelsinnigen Verwendung" (Eike v. Savigny) des Wortes „behandelt" ist ein Bezugsraum eröffnet, der vor allem jenen Vorstellungen philosophischer Untersuchung absagt, die nicht Therapeutikum, Remedium, Heilung sein wollen, sondern rigides Einhegen von Fragen in Richtung auf theoretische Gewissheiten oder ein im limitierenden System als richtig Erkanntes. Heilen kann man, was des Trostes bedarf; Therapie ist nicht nur Symptombehandlung, sondern idealerweise an die Strukturebene gebunden. Sprachphilosophisch lässt sich die Behandlung, unter der das philosophische Problem schwindet, als Erinnerung an gegebene geteilte Gebrauchsweisen auffassen: Ein Trost ist, Sprachverwendungsweisen zu sehen, wo bisher Verwirrung war, wo Ausdrücke uns irreführten, also Klarheit – wobei nicht vergessen werden darf, dass die Klarheit des einen nicht die des anderen sein muss. Das Therapeutikum ist Ent- statt Verzauberung, Ende des Verwunschenen, das in der falschen Gestalt der Sprache ansichtig wurde – und doch nicht nur die Taghelle unbefragter Rationalität. Die Behandlung ermöglicht in vielen Fällen des Leichterwerden der Last in der Form des einmal Gewussten, das vergessen war: „Die Arbeit des Philosophen ist ein Zusammentragen von Erinnerungen zu einem bestimmten Zweck." (PU 127)

Über Gewißheit

Wittgensteins Beitrag zur Erkenntnistheorie findet sich in *On Certainty / Über Gewißheit* (1969), herausgegeben aus dem Nachlass. In Auseinandersetzung mit der Common-Sense-Philosophie G.E. Moores, in der dieser u.a. gegen den Idealismus Bradleys für einen Common-Sense-Realismus argumentiert, wird herausgearbeitet, dass der Satz „Hier ist eine Hand" mitnichten ein Wissen bedeutet – dass ich aber auch nicht daran zweifeln kann. Wittgenstein: „Wenn du weißt, daß hier eine Hand ist, so geben wir dir alles übrige zu." (ÜG 1) Es ist nicht alles Übrige zuzugeben, da dieses „Wissen" nicht konzediert werden kann. Es hat keine Evidenz, sondern impliziert diese nur auf den ersten Blick – „Daß es mir – oder Allen – so *scheint*, daraus folgt nicht, daß es so *ist*." (ÜG 2) Wer dies glaubt, operiert an der Oberfläche des Phänomens, die sich mit der Oberfläche der Sprache verbindet, was Wittgenstein unterbricht. Nicht nur folgt aus einem Anschein kein Sein, sondern die ursprüngliche fehlgeleitete Annahme wird umgeleitet: „Wohl aber läßt sich fragen, ob man dies sinnvoll bezweifeln kann." (ÜG 2) Der Gebrauch von „Ich weiß" ist „sehr spezialisiert" (ÜG 11). D.h. Moore übersieht, dass wir nur in besonderen Fällen in besonderen Umgebungen so sprechen, um auszudrücken, dass wir etwas wissen. Die Worte, „Ich weiß, dass" sind eben nicht überall am Platz, wo es keinen Zweifel gibt. Nur in speziellen Fällen hätte es in den üblichen Umgebungen Sinn zu sagen, „Ich weiß, dass hier eine Hand ist", etwa, wenn jemand übertrieben oft die perfekte Form einer Hand lobt oder jemand vergessen hat, die Hand zu geben und darauf aufmerksam gemacht wird mit den Worten: „Du hast auch eine Hand" etc. Dann ist der Satz Ausdruck der Ungeduld oder Ausdruck davon, dass man sich eine Einmischung verbittet.

  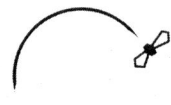

Wissen und Irrtum

Dass wir etwas wissen, heißt, dass es die logische Möglichkeit geben muss, sich zu irren. Wie sollten wir uns denn im Hinblick darauf bewähren, dass wir wissen, eine Hand zu haben und nicht etwa daran zweifeln? Wie können wir sagen, woher wir dies wissen? Und es reicht nicht zu sagen, wir würden es eben sehen. Die Frage „Woher weißt du das?" hat in unserer Sprache eine andere Bewandtnis. Das ganze Szenario Moores trifft nicht unseren gewöhnlichen Umgang mit der Tatsache, dass ich eine Hand habe. Wir müssten uns ein Sprachspiel vorstellen, das jemand kennen müsste, wenn er zeigen wollte, etwas zu wissen. Dieses müsste er dann beherrschen. Aber die Tatsache, dass ich eine Hand habe, ist so im Leben verankert, dass sie des evidenzgebenden Sprachspiels gar nicht bedarf. Evidenz gebe ich (und Evidenz kann sinnvoll gegeben und gefordert werden), wenn beides vorstellbar ist: dass ich weiß oder nicht weiß. Im Falle des Satzes „Hier ist eine Hand" ist die Frage nach dem Irrtum sinnlos. Könnte hier jemand irren? Höchstens jemand, der, wie ein Marsmensch, mit den Gepflogenheiten unserer Kultur nicht vertraut ist (oder vielleicht eingeschränkt in den geistigen Fähigkeiten etc.). Wir behandeln uns gegenseitig so, sind in solche Sprachspiele gemeinsam eingebunden, dass sich die Frage unter gewöhnlichen Umständen nicht stellt, ob der Satz „Hier ist eine Hand" wahr ist. Der Bezug zur tatsächlichen Verwendungsweise der Wörter zeigt, dass „der Zweifel an einer Existenz nur in einem Sprachspiel wirkt." (ÜG 24) D.h., die normalen Umstände sorgen für uns – und Moores Beispiel ist unter diesen Umständen kein Wissen, hat keinen epistemologischen Rang. Nicht, weil es unwichtig wäre, dass der Mensch Hände hat, sondern weil die scheinbare Common-Sense-Aussage „Hier ist eine Hand" als Wissensausweis kein *common sense* ist – von Wissen würden wir (über das Wort „wir" wäre viel zu sagen) für gewöhnlich hier nicht reden.

Zweifel innerhalb eines Systems von Gewissheiten

Innerhalb unseres Systems von Gewissheiten, die wir sprachlich ausdrücken, hat gemeinhin der Zweifel an dem Satz „Hier ist eine Hand" keinen Platz. Nur innerhalb dieses Systems können wir von Zweifel sinnvoll reden. Der Satz hat aber etwas Fesselndes, er scheint unwiderlegbar. In ÜG 31 Heißt es: „Die Sätze, zu denen man, wie gebannt, wieder und wieder zurückgelangt, möchte ich aus der philosophischen Sprache ausmerzen." Denn es geht nicht um die Einsicht, die Moore bewirken wollte (gegen den Zweifel des Skeptizismus), sondern um eine ganz andere Art von Einsicht: „Man muß eben zur Einsicht kommen, daß das, was sich uns als erster Ausdruck einer Schwierigkeit oder ihrer Beantwortung anbietet, noch ein ganz falscher Ausdruck sein mag. So wie der, welcher ein Bild mit Recht tadelt, zuerst oft da den Tadel anbringen wird, wo er nicht hingehört, und es eine Untersuchung braucht, um den richtigen Angriffspunkt des Tadels zu finden." (ÜG 37) Der Angriffspunkt gegen den Satz „Hier ist eine Hand" als Wissensausweis ist nicht, dass ich es nicht beweisen kann, das wäre der falsche Tadel, denn nach Evidenz kann ich hier gar nicht fragen. Der richtige Tadel ist, dass ich so nicht sprechen sollte, wenn ich beanspruche, im Einklang mit unserer üblichen Sprachverwendung zu sprechen und den Gepflogenheiten, die wir in der Sprache in unserem Weltbild ausgebildet haben. Denn dass hier kein Beweis gebraucht wird, ist kein Zeichen der Schwäche mangelnder Evidenz. Es gibt in unserer Sprache für gewöhnlich kein Sprachspiel, in dem eine solche gebraucht würde.

Warum das Gegenteil glauben?
Das Weltbild als überkommener Hintergrund

Die Frage, wie ich mich von der Tatsache überzeugen könne, dass hier eine Hand sei, war der falsche Tadel. Es ist fehlgeleitet zu glauben, ich müsse mich von allem, was mein Weltbild auszeichnet, was zu ihm gehört, erst überzeugt haben. Das ist auch eine Selbstüberschätzung des Subjekts, cartesianisch, dem „Ich-denke" verpflichtet, und des Bereichs, auf den sich seine Aktivität erstreckt. Ich wachse hinein in ererbte Überzeugungen einer Sozialität. Wittgenstein blickt auf Moore mit dem Verständnis für jemanden, der nicht die richtigen Fragen stellt. In ÜG 94 betont er: „Aber mein Weltbild habe ich nicht, weil ich mich von seiner Richtigkeit überzeugt habe; auch nicht, weil ich von seiner Richtigkeit überzeugt bin. Sondern es ist der überkommene Hintergrund, auf welchem ich zwischen wahr und falsch unterscheide." Zu sagen, ich sei von der Richtigkeit meines Weltbildes überzeugt, hätte einen *self-congratulating tone*. Überzeugungen ankern im Kollektiven. Wittgenstein stellt einfache Fragen, die Hebelpunkte für Probleme sind. In ÜG 93 heißt es: „Die Sätze, die darstellen, was Moore ,weiß', sind alle solcher Art, daß man sich schwer vorstellen kann, *warum* Einer das Gegenteil glauben sollte." Unsere Sprache besitzt *hinge propositions*, d.h. Sätze, die Auskunft geben über Annahmen in unserer Sprache, die wir nicht verteidigen können oder müssen. Unsere Sprachspiele beruhen auf ihnen, ohne dass es sich um ein rationales Begründetsein im traditionellen Sinne handeln würde. Die *hinge epistemology* erforscht dies weiter (etwa Annalisa Coliva und Danièle Moyal-Sharrock), z.B. im Kontext von *deep disagreements* (Fogelin). Unsere Irrtümer sind weltbildrelativ und bestätigen fraglos, was uns umgibt. Dass der Zweifel nach dem Glauben kommt (ÜG 160), z.B. in Lernprozessen, ist etwas, woran Wittgenstein angesichts der Sätze Moores erinnert.

A Lecture on Ethics

Wittgenstein wandte sich nicht immer an ein Fachpublikum oder seine *peers* an der Universität, der er als Institution skeptisch gegenüberstand, da sie zu Vereinfachungen und Popularisierung nötigte. Die ethische Bewandtnis dieser Scheu vor dem nur Vorgegebenen, Prätendierten, findet sich auch in der *Lecture on Ethics*, dem *Vortrag über Ethik*, der im Verein der *Heretics* in Cambridge gehalten und posthum 1965 veröffentlicht wurde (*Philosophical Review* 74). Zu Wittgensteins Werk gehört keine Ethik im herkömmlichen Sinne des Werkbestandteils. Er setzte sich prägend mit den *Principia Ethica* von G.E. Moore auseinander und bezieht sich auf dessen „Worterklärung": „Die Ethik ist die allgemeine Untersuchung dessen, was gut ist." (Es liegt also der Behandlung des Ethik-Themas eine enge Definition zugrunde.) Kern der Ausführungen ist: „... keine Faktenaussage kann je ein absolutes Werturteil abgeben oder implizieren." Beispiel: „Hugo ist ein guter Rosenzüchter" ist ein tadelloser Satz, „Hugo ist gut" nicht. Denn der erste Satz ist eine Faktenaussage, die ein relatives Werturteil enthält (es gibt andere Rosenzüchter, die schönsten Gärten Englands konkurrieren miteinander in dieser Hinsicht etc.). In einem absoluten Sinn, der von Faktenaussagen losgelöst ist, kann über Hugos Gutsein nichts gesagt werden.

Kein Buch über Ethik

Wenn es nur relative Werturteile geben kann und das Absolutum unaussprechlich bleibt, ist es unmöglich, ein Buch zu schreiben, das wirklich von Ethik handelt, d.h. von dem, was Menschen ersehnen, etwas, das über die täglichen allfälligen Vollzüge vom Typus Verrichtung hinausgeht, das ein weiteres und größeres Bild ihrer selbst zeichnet, davon, was sie auch sein könnten. Die Bücher zum Thema Ethik in allen möglichen Differenzierungen von Deontologie bis Utilitarismus sind Legion – aber das ist es nicht, was ein wahrhaft ethisches Buch auszeichnen und charakterisieren müsste. „Ich kann mein Gefühl nur mit Hilfe dieser Metapher schildern: Wäre jemand imstande, ein Buch über Ethik zu schreiben, das wirklich ein Buch über Ethik wäre, so würde dieses Buch mit einem Knall sämtliche anderen Bücher auf der Welt vernichten." Alle Fragen wären gelöst, was die Wissenschaft eben vermag, alle Hoffnungen auf Höheres hätten sich erfüllt – weitere Bücher wären nicht nötig. Dies sagt zweierlei: Zum einen, dass die gewöhnlichen Werke der philosophischen Ethik an einem Bedürfnis der Menschen auch vorbeigehen – nicht das Absolute oder das Hoffen darauf oder das im Menschen beschreiben, was über sich hinauswill – zum anderen, dass Wittgensteins Ethikbegriff, an G.E. Moore geschult, eng mit dem Thema des absolut Guten und der Frage danach verknüpft ist und die Frage nach der Berechtigung ethischer Sichtweisen in argumentativen wissenschaftlichen Bezügen anders ausfallen könnte, wenn dies nicht der Fall wäre.

Staunen über die Existenz der Welt und das Erlebnis der absoluten Sicherheit

Gleichwohl hat Wittgenstein etwas erkannt, das denen, die im Normaldiskurs ethische Fragen zu beantworten suchen, fehlt: dass ethische Fragen, unschuldig betrachtet, mit dem Leben der Menschen in einer Weise zu tun haben oder haben müssten, die von den braven Abhandlungen in unbewegter Luft des akademischen Betriebs nicht getroffen wird. Worum es bei ethischen Fragen in einer anderen Weise gehen könnte, sagt Wittgenstein, wenn er im *Vortrag über Ethik* von Erlebnissen spricht, die ihm die ethische Bewandtnis der Dinge des Lebens klarmachten. Er nennt das Staunen über die Existenz der Welt als „Erlebnis par excellence" – wenn etwas zu erleben ist, dann dies. Mit dem Verweis auf diese Erlebnisse will Wittgenstein eine „gemeinsame Grundlage" schaffen. Ferner nennt er das „Erlebnis der *absoluten* Sicherheit", ein Zustand, in dem man denkt, dass nichts einem wehtun könnte. Diese Erfahrungen lassen sich jedoch nicht sprachlich ausdrücken – die Sprache werde missbraucht (und doch haben wir das Gefühl zu ahnen, was der Satz „Erlebnis der absoluten Sicherheit" bedeutet). Die Wörter „absolut", „Existenz" und „Sicherheit" werden in den Beispielen anders verwendet als im gewöhnlichen, „hausbackenen" Sinne. Dadurch entstehen unsinnige Sätze. Durch ethische und religiöse Sätze ziehe sich diese missbräuchliche Verwendung der Sprache. In den gewöhnlichen Sätzen lässt sich nichts Höheres ausdrücken.

Ein Drang im menschlichen Bewusstsein

Wie passt Wittgensteins Verständnis für Menschen, die das Absolute auszudrücken suchen, zu dem Bekenntnis zu den hausbackenen Sätzen in philosophicis? Ist dies enttäuschend? Will das sprachverwendende Wesen, mit Ernst Cassirer: *animal symbolicum*, zu viel? Schon Kant hatte in der *Kritik der reinen Vernunft* (1781) betont, dass die Vernunft des Menschen über sich hinauswolle, durch Fragen belästigt werde, die sie nicht abweisen könne. Wittgenstein sieht den Wunsch, über die hausbackenen Sprachverwendungen hinauszugehen. Das Wunderbare ist nicht die Sache der in der Sprache benennbaren Gegenden, sondern ist zum „Ereignis, dergleichen wir noch nie erlebt haben" pragmatisiert. Die unsinnigen Ausdrücke können auch nicht durch andere ersetzt werden, die besser passen – es gibt schlicht keine, da etwas ausgedrückt werden soll, das über die sinnvolle Sprache hinausgehen will. Ethik ist dann unmöglich, wenn sie „etwas über den letztlichen Sinn des Lebens, das absolut Gute, das absolut Wertvolle" zu sagen versucht, sie verlässt dann den Bezirk wissenschaftlicher Rede. Wittgensteins Betrachtung ethischer Fragen erkennt indes den Drang des Menschen an, gegebene Ausdrucksformen zu überschreiten. Er achtet ihn hoch und würde ihn „um keinen Preis lächerlich machen". So liegt in der Abweisung von Sätzen der Ethik als solchen, die mit dem Letzten und Höchsten zu tun haben, die Begrenzung des philosophischen Werks auf das, was sich sagen lässt – auch wenn die Grundlage eine sehr spezifische Auffassung ethischer Untersuchungen ist.

Vorlesungen 1930-1932

Es gibt mehrere Publikationen von Vorlesungen, die von Wittgensteins Studenten und Studentinnen angefertigt wurden. Auch wenn immer eine Unschärfe bleibt und keine auf Werkeinheit gehende *intentio auctoris* diese Mitschriften trägt (über die man gerade unter sprachkritischen Vorzeichen auch bei Publikationen mit Werkcharakter streiten kann), sind sie ein wichtiges Zeugnis von Wittgensteins Äußerungen im akademischen Vermittlungskontext, dem er, wie wir wissen, skeptisch gegenüberstand. Von John King und Desmond Lee stammen Cambridger Vorlesungs- und Diskussionsaufzeichnungen von Januar 1930 bis Mai 1932, die Brian McGuinness zur Veröffentlichung vorgeschlagen hatte. Es geht um Philosophie als „Versuch, sich von einer bestimmten Art von Verwirrung zu befreien", die „den Verstand, nicht den Instinkt" betreffe (Frühjahrstrimester 1930). Philosophische Rätsel sind „Rätsel der *Sprache*"; der Gebrauch der Sprache, die wir instinktiv richtig verwendeten, ist „für den Verstand" ein Rätsel. Ferner geht es um den Unterschied von Wissenschaft und Philosophie (Frühjahrstrimester 1931): „Die Wissenschaft baut ein Haus aus Steinen, die nicht mehr angetastet werden, sobald sie an Ort und Stelle sind. Die Philosophie dagegen räumt ein Zimmer auf und muß die Dinge oft anfassen. Diesem Verfahren ist wesentlich, daß es mit einem Durcheinander anfängt, und uns macht es nichts aus, im Dunkeln zu tappen, solange sich der Dunst allmählich verzieht." Philosophie als Klärungs- und Übersichtsarbeit, als Versuch, Ordnung zu schaffen, indem das zu Ordnende wieder und wieder betrachtet, kombiniert, rekombiniert wird. Die haptische Dimension, das Buchstäbliche der Arbeit als Sicht auf das Gegebene als berührbar. Dass das Dunkel enden wird, ist gewiss (man weiß noch nicht wie) – der Untersuchungsgegenstand: die berührbare Welt.

Vorlesungen 1932-1935 I

Von Alice Ambrose und Margaret Macdonald stammen die Aufzeichnungen aus den Jahren 1932-1935, es gab wenig Vergleichsmitschriften, manche Mitstudierende der Herausgeberin Alice Ambrose waren zum Zeitpunkt der erstmaligen Veröffentlichung (1979) gestorben. Die Studentinnen durften neben Vorlesungs- und Diktatmitschriften aus den Räumen in Whewell's Court auch das in den Pausen von Wittgenstein Gesagte mitschreiben; die Unmittelbarkeit der Erläuterungen vermag oft das in den komponierteren schriftlichen Formen Niedergelegte zu ergänzen, auch wenn die meisten der heute bekannten „Werke" auf Herausgeberabsichten zurückgehen, d.h. anordnend eingegriffen wurde. Es geht um Schlußgesetze als Denkgesetze („Kann man einen Grund dafür nennen, daß wir so denken, wie wir nun einmal denken? Ist dazu eine Antwort nötig, die außerhalb des Begründungsspiels liegt?"), Grund und Ursache sind auseinanderzuhalten, das „Begründen ist die tatsächlich ausgeführte Rechnung, und der Grund ist ein Schritt zurück innerhalb des Kalküls. Nur innerhalb des Spiels ist der Grund ein Grund." (Die Kontextförmigkeit des Begründens, innerhalb des Spiels, dessen Regelgebundenheit und prozesshafter Genese.) Auch hier der Gedanke Wittgensteins, dass die Kette der Gründe an ein Ende kommt, es keinen infiniten Regress kleiner Wegweiser gibt, die unabwendbar hintereinanderstehen würden.

Vorlesungen 1932-1935 II

Im Michaelistrimester 1934 (Oktober bis Dezember) wird u.a. notiert: „Was wir sagen, wird einfach sein, doch zu erkennen, weshalb wir es sagen, das wird sehr schwierig sein." Ich denke an Schopenhauer, der sinngemäß sagte, man solle gewöhnliche Worte gebrauchen und ungewöhnliche Dinge sagen. Das Lob der Simplizität – Einfachheit auch hier als Siegel der Wahrheit. Ist dieser Diskurs veraltet? Kann sich auf Einfachheit berufen, wer von der Beantwortung von Wesensfragen lange Abstand genommen hat? Aber sie wird nicht gesucht, sondern ergibt sich aus der Natur der Untersuchung: Wie die positive Primitivität der Sprachspiele den Charakter der Sprache zeigt, tritt in der schlichten Formulierung ein Komplexes hervor. Es geht nicht um den allgemeinen Begriff der Pflanze, der mir innerlich verfügbar würde, wenn mir Veilchen bis Rose vorgeführt werden wie in einem *défilé* (und letztlich in einen allgemeinen Begriff überzugehen scheinen). „Im Geist" oder „im Kopf" sind Ausdrücke, die man verwendet, „um ein Modell zu bezeichnen." Es gehört zum „Symbolismus", den wir zum Hypothesenbilden haben. Aber wir müssen dem Symbolismus nicht verfallen. Letztlich geht es auch um die Handlungsförmigkeit des Sprachverstehens, etwa darum, ob der Gärtner in Kew Gardens versteht, was jemand sagt, der bittet, eine exotische Pflanze zu bringen oder Pflanzen in einer Reihe zu ordnen, die zu dem passt, was wir in unserer Kultur Ordnungsvorgänge nennen. Wittgenstein präsentiert in den Vorlesungen ein beziehungsreiches Feld von Verweisen, die auf unterschiedliche Werkaspekte zeigen, sich überkreuzen, gegenseitig erläutern, Grundmotive nennen und variieren.

Solipsismus

Im *Tractatus* hatte es (TLP 5.63) noch geheißen: „Ich bin meine Welt. (Der Mikrokosmos.)" Nach und nach trat der Nebenmensch immer mehr ins Bild; die Erfahrung des Ersten Weltkriegs hatte dies eindrücklich gemacht. Gebrauchsaspekte vertragen das *solus ipse* nicht, da die Konstitution der Sprache nie auf Alleinigkeit ruhen kann und die Frage nach dem Anderen nicht nur eine konventionelle Höflichkeit ist, sondern sprachliche Bedeutung in ihrer Genese ohne diese nicht auskäme. Auch wenn kein subjektiver bewusstseinsabhängiger Status der Gegenstände angenommen wird, und es nur um phänomenale Gegebenheit ginge, damit ich sie auf meine Sprache beziehen könnte, ist „meine Sprache" niemals mein Besitz im Sinne einer Genesefaktoren ausschließenden Kenntnis. Der Satz des *Tractatus*, dass die Grenzen meiner Sprache die Grenzen meiner Welt bedeuten (TLP 5.6), heißt im späteren Kontext der *Philosophischen Untersuchungen* nur noch, dass ich mich vielleicht nicht in jede Sprache finden kann, dass es klassen- oder ortsspezifische Äußerungen gibt, dass ich mit geringerem Wortschatz Zustände oder Gefühle weniger differenziert beschreiben kann etc. Es geht jedoch nicht mehr um epistemischen oder metaphysischen Solipsismus. Hier zeigt sich der im *Tractatus* wirksame Schopenhauer-Einfluss, dessen *Die Welt als Wille und Vorstellung* (1818 unter der Jahresangabe 1819) Wittgenstein mit 16 Jahren las, so G.E.M. Anscombe, und von der Idee der Welt als Vorstellung (nicht der Idee der Welt als Wille) beeindruckt war.

Wittgenstein und die Antike

In der Wittgenstein-Forschung wurde betont, dass Wittgenstein keine Vorläufer in der Philosophie gehabt habe. Dies sollte die Neuheit seiner Ansichten – etwa der Betonung des Gebrauchs in der Spätphilosophie – hervorheben. Vorläufer seiner sprachkritischen Philosophie im 19. Jahrhundert wurden nicht gesehen. Das Interesse der Forschung richtete sich aber auch auf eine Zeit, die noch weiter zurücklag: die antike Welt. Ilse Somavilla und James Thompson etwa versammeln in einem wichtigen Sammelband Aufsätze, die die Verbindungen von Wittgensteins Einsichten zu antiken Denktraditionen untersuchen. Mit Platon und Aristoteles ist das Staunen der Anfang der Philosophie. Das „Sichverwundern" (Aristoteles) über das, was ist, begründet die philosophische Anstrengung des Begriffs. Staunen kann, so Ilse Somavilla, „Ausdruck der Bewunderung, Verwunderung, Begeisterung, doch auch der Irritation, des Abscheus, des Entsetzens, der Überraschung" sein. Die Mannigfaltigkeit des Begriffs macht ihn so interessant für die philosophische Untersuchung. Von den Vorsokratikern über Sokrates, Platon und Aristoteles bis zu den Stoikern und Epikureern lässt sich der Aspekt des Staunens beschreiben. Wittgenstein sagte 1930: „Zum Staunen muß der Mensch – und vielleicht Völker – aufwachen. Die Wissenschaft ist ein Mittel (!) um ihn wieder einzuschläfern." Die staunende Haltung Wittgensteins in der Philosophie wird nicht von allen geteilt. Die gewöhnliche Philosophie ist oft in einem tiefen Schlaf befangen. Staunende Betrachtung bei Wittgenstein heißt auch Vorsicht angesichts des Gegenstands, Sensibilität, Nuanciertheit. Wittgenstein ist, als schreibe er philosophierend ein Gedicht. Ein „Kleines" ist hier, so Wittgenstein, wie „ein Blatt oder eine Blume".

Was der Leser auch kann, das überlaß dem Leser

Wer die *Philosophischen Untersuchungen* zum ersten Mal liest, wird vielleicht keine Linie der Argumentation erkennen können. Er sieht Sätze, aneinandergereiht, die Bemerkungen sind, nicht systematisch gegliederte Aussagen oder etwas, dessen Struktur leicht durchschaubar wäre. Es ist in der Forschung diskutiert worden, ob hier ein argumentativer Zweck durchgängig verfolgt wird (das ist etwa die Vorannahme des einflussreichen Kommentars zu den *Philosophischen Untersuchungen* von Eike von Savigny). Wittgenstein hat mit dieser Darstellungsweise – einzelne Textabschnitte, die jeweils um einzelne Schwerpunkte gruppiert sind wie den der privaten Sprache oder der Sprachspiele oder den Zusammenhang von Beschreiben und Erklären etc. – eine Form gefunden, die mit den traditionellen Gewohnheiten der Produktion philosophischer Werke insofern bricht, als nicht alle Übergänge zwischen den Abschnitten der *Untersuchungen* – wie man abkürzt – schon gemacht sind. Die Lesenden müssen mitdenken, sich einfühlen in Darstellungszweck und Unterschiede der einzelnen Stimmen, die in den Abschnitten miteinander sprechen, wobei die Sprecherrollen nicht klar definiert sind. Stanley Cavell unterschied z.B. *voice of temptation* und *voice of correctness*. Eike von Savigny sprach von dem „Wer-spricht-Problem" in diesem Werk. So hat Wittgensteins Stil in Kombination mit seinem Inhalt das philosophische Lesepublikum herausgefordert: Der Leser, dem zugetraut wird, Übergänge zu machen, ist vielleicht für Wittgensteins Ideen empfänglich, ihre Neuheit, ihre Tiefe, ihr unangepasstes Ethos.

Wittgenstein und die Metapher

Metaphorisches Sprechen, die uneigentliche Rede, lang herkommend von Aristoteles' *Poetik* und *Rhetorik* u.a., spielt für Wittgenstein eine wichtige Rolle. Metaphern als Bilder geben einen Weltzugang, der über die plane Verständigung mitunter hinausgeht und ältestes Wissen (im Sinne von Archetypen und Wahrnehmungskonstanten) aufruft. So betonte Regine Munz, dass Wittgenstein in den Tagebüchern der 1930er Jahre von „den Nötigungen der durch die katachretische Funktion der Metapher zumindest möglichen Etablierung neuer, abstrakter Begriffe verschont" bleibe. D.h., er hat den Bildbruch, die Katachrese, ebenso wenig zu fürchten wie ein Sich-Fortzeugen des Metaphorischen zu unerwünschter Abstraktion. Bilder oder Metaphern sind sinntragend und -vermittelnd, etwa in der bekannten Vorstellung des Flussbetts in *Über Gewißheit* oder der Vorstellung des Fliegenglases, aus dem philosophierend ein Ausweg zu zeigen sei. In metaphorischer Rede hat sich zudem angereichert, was eine Kultur bildhaft für möglich hält, auch: welche Bildbrüche sie einlädt. Das eigentliche Sprechen wird nicht nur ergänzt, sondern mitgehalten durch metaphorisch Formulierbares, entfernt sich vom Konkretum zu dessen Nutzen jenseits des Nutzenkalküls, im Sinne der Ausweitung semantischer Bezogenheit – wie in der Metapher des Lichts, das jenes Höhere repräsentiert, das ich, wie es in den *Denkbewegungen* heißt, nicht anstreben, sondern „nur anerkennen" kann.

Die Metapher des Lichts

„Der Gedanke, der sich ans Licht arbeitet" (VB) sei, so Ilse Somavilla, eine Metapher mit für Wittgenstein mottohafter, paradigmatischer Qualität. So entwickle er seine Gedanken zur Klarheit des Sehens hin. Der Weg zum Licht ist nicht nur Grundelement des philosophischen Diskurses – das Höhlengleichnis Platons ist nicht zuletzt eine pädagogische Imagination – sondern auch in Details und Wahrnehmungsaspekten bei Wittgenstein zugegen. Das Flehen nach Erleuchtung ist das nach Erhellung, nach Erlösung aus dem Dunkel, nach Illuminierung der eigenen Kräfte wie der Quelle, aus der diese für viele lange kamen. Eine lichthafte Philosophie, die die Nachtseite kennt, das Sehnen und Warten und Bedenken. Zugleich das Wachstum: „Du kannst den Keim nicht aus dem Boden ziehen. Du kannst ihm nur Wärme, Feuchtigkeit & etwa Licht geben...& dann muß er wachsen." Und: „Nur mit Vorsicht darfst Du ihn selbst berühren." (1931) Was Licht gibt, ist nicht einseitig einem Produktivitätsideal verpflichtet. Es gibt mehr, anderes, das denen gemäß ist, die nicht an eine Art gebunden sind, in der etwas erscheint oder ansichtig wird: „Das Licht der Arbeit ist ein schönes Licht, das aber nur dann wirklich schön leuchtet, wenn es von noch einem andern Licht erleuchtet wird."

Die rote Glasglocke

Lichthafte Metaphorik, Wahrnehmungsweisen oder Seheindrücke, die auf eine nuancierte kulturelle Einbettung verweisen, spielen auch eine Rolle in einer Veröffentlichung aus dem Nachlass, die im Jahr 2004 (Hg. Ilse Somavilla) den Bereich geistiger Idealität, der Grenzerkenntnis und des Kulturideals thematisiert. Der Text „Der Mensch in der roten Glasglocke" ist ein Brieffragment, in dem Wittgenstein das reine geistige Ideal mit weißem Licht vergleicht. Ebenso könne man verschiedene Kulturideale mit gefärbten Lichtern vergleichen. Diese entstehen, wenn „das reine Licht durch gefärbte Gläser scheint." Ein Mensch, der es von Geburt an nicht anders kennt, als das Licht durch rote Scheiben einfallen zu sehen, wird sich ein anderes Licht vielleicht nicht vorstellen können, vielleicht auch nicht, dass es ein anderes Licht überhaupt geben könnte. Dieses Licht ist *das* Licht. Fragen von Zivilisation, Entwicklung und Gewordenheit der menschlichen Lebensform werden von Wittgenstein im Laufe seines Lebens wiederholt bedacht; das Beispiel in diesem Text verweist auf eine bestehende erkenntnistheoretische kulturelle Rahmung. Kantisch getönt wird die Relativität der menschlichen Erkenntnisvermögen angesprochen, auch die Vorläufigkeit dessen, was dem Menschen alles scheint. Was jemand für die ganze Welt hält, kann nur ein Teil der Welt sein, was jemand für das Ideal hält, nur *das* Kulturideal. Früher oder später kommt der Mensch an die Grenze, mit der er sich auseinandersetzen, nicht nur abfinden muss. Dies ergreift uns – das Licht hat seiner höchsten Möglichkeit nach eine Bewandtnis, die über jedes zeitgeprägte Kulturideal hinausgeht. (Originalität allein dringt, wie Wittgenstein hier betont, nicht zum Bedeutungsvollen.) Die kulturell präparierte Prägung ist das Wahrnehmungsangebot, hinter dem etwas anderes steht. Das reine Licht ist nicht durch die Trübung der Konkretion begrenzt.

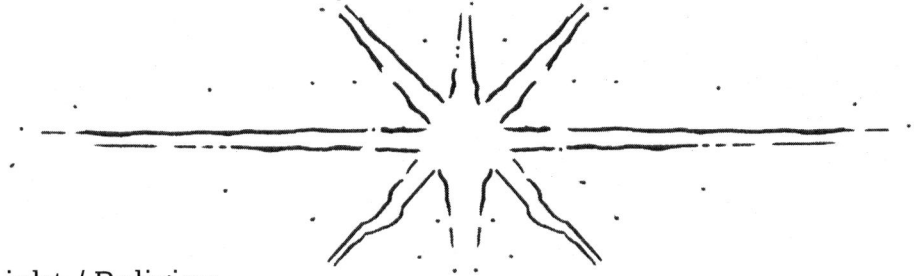

Licht / Religion

Können wir in der Beharrungskraft des größeren Lichts das sehen, was jede einzelne, temporär verdichtete Kultur übersteigt, nähert sich diese Überlegung der religiösen Sphäre. Wittgenstein sagt im Brieffragment, wer die Grenze der abendländischen Kultur erreicht und durchbricht, wird religiös, wo es auch geschehe, dass jemand, der den Kopf im Freien hatte, ihn durch das Licht geblendet wieder zurückzieht und mit schlechtem Gewissen in der Glasglocke weiterlebe. Diese Glasglocke ist kein Fliegenglas. Es geht nicht um ein Problem und einen Ausweg, sondern eine grundsätzliche Situation der jeweils historisch gewordenen Kultur. Die Vorstellung ist doppeldeutig: Religiöses Aufgehen im Licht, das Licht der Verheißung oder, christlich, Jesus als *Licht der Welt* unterstützen etablierte Glaubenszwecke, die Blendung zeigt ein Übermaß an Licht, das wieder zu einer Verfinsterung führen kann. Die Semantik des Lichts rechnet ein, dass vom Licht abzufallen jenen profanen Bezirk stärkt, in dem sich Bedeutungen bilden. Die ergreifende Auseinandersetzung mit der Grenze als dem nur scheinbar Letzten, das als gefärbtes Kulturideal zunächst als das Einzige auftritt, aber auf etwas anderes deutet, ist mit der pragmatischen Frage der Bedeutungsbildung verbunden, die insofern über sich hinausweist, als es denen freisteht zu verehren, die in der weltlichen Regelmäßigkeit etablierter Gepflogenheiten von der explizit religiösen Konversion absehen (sich auf den konversiv verfassten Zeichenapparat verlassen).

Von einem religiösen Standpunkt

Religiöse Aspekte waren für Wittgenstein handlungsleitend in verschiedener Weise. Philosophische Probleme kommen in bestimmter, zunächst nur mundan scheinender Qualität in den Blick, da die Überlieferung des *animal rationale* dies von Beginn an verlangte. Abseits des orthodoxen analytischen Diskurses klingt bei Wittgenstein immer etwas anderes mit; das Wissen um Höheres und darum, dass wir nicht nur von dem bestimmt sind, was uns in nächster Nähe umgibt und unsere ontologischen Selbstverständlichkeiten (die diesen Eindruck nur dadurch machen können, dass viel in der Sprache und der Ebene bildlicher Durchdringung vorbereitet ist) so erscheinen, da sie über ihre Konstitutionsbedingungen dem unbefangenen Blick wenig mitteilen. Wittgenstein besaß jene religiöse Sensitivität, die etwas anderes ist als das Glaubensbekenntnis, die metaphysisches Bedürfnis (Schopenhauer) und Sehnsucht nach Höherem kennt und ihn im Ersten Weltkrieg in den diaristischen Aufzeichnungen Gott anrufen und nach Erleuchtung flehen ließ. Wittgenstein sagte zu seinem Freund Maurice O'Connor Drury: "I am not a religious man, but I cannot help seeing every problem from a religious point of view." Es geht nicht um Dogmatisches oder Absehbares, aber Wittgensteins Sinn für die religiöse Perspektivität philosophischer Fragen ist mit dem Sinn für Demut, Staunen und Ernst verbunden, der sich in Lebensführung wie charakterlicher Disposition zeigt. Als Russell im Dezember 1919 an Ottoline Morrell schrieb, Wittgenstein sei zum Mystiker geworden, hatte er eine Konstante, nicht nur einen Moment seines Lebens erkannt. (Kierkegaard zu lesen oder Angelus Silesius befestigte, was angelegt war.) Tolstoi und Dostojewski, der Wunsch nach mönchischem Leben, die Umgebung der Stille, um Gedanken zu bewegen – jenseits der lauten kulturellen Geste, die ein Ahnungsvermögen überdeckt.

Religionsphilosophie auf den Spuren Wittgensteins

Die sich auf Gedanken Wittgensteins beziehende Religionsphilosophie nennt als Initiationstext der analytischen Variante bereits Alfred J. Ayers *Language, Truth and Logic* (1936). Die weitere Entwicklung ist zu finden bei Ingolf Dalferth (Hg. *Sprachlogik des Glaubens,* 1974), James A. Martin (*Philosophische Sprachprüfung der Theologie,* 1974) oder W.D. Just (*Religiöse Sprache und analytische Philosophie,* 1975), später bei Franz v. Kutschera (*Vernunft und Glaube,* 1991), Martin Laube (*Im Bann der Sprache,* 1999), Esther Heinrich-Ramharter (Hg. *Religionsphilosophie nach Wittgenstein,* forthcoming) u.a. Standen am Anfang oft ein examinierender Gestus und – gut analytisch – das Zerlegen der Referenz auf den höheren Bereich in Teilaspekte im Vordergrund, wurde das Feld religiöser Phänomene unter Verwendung Wittgensteinscher Begriffe etwa von D.Z. Phillips, Peter Winch oder Rhees und Malcolm genauer untersucht. Philip R. Shields betont in *Logic and Sin in the Writings of Ludwig Wittgenstein* (1993), Wittgenstein sei "better seen on the model of a prophet who reminds a people of their obligations than on the model of a disinterested scientist." Auch wenn die plakative Opposition von Wissenschaft und Prophetentum selten idealtypisch vorkommt und der „Wissenschaftler" meist nicht nur nicht interessiert, sondern nicht fähig ist, vom Objektivitätsideal abzusehen, das Motiv der Verkündigung ein gerichtetes Sendungsbewusstsein voraussetzen würde etc., ist hier der Punkt getroffen, dass die religiöse Seite Wittgensteins auf ein Versäumnis jener Diskursgewohnheiten hinweist, die sich in der Reproduktion des Bekannten erschöpfen und dies als genügend betrachten oder betrachten müssen, um in Anerkennungsverhältnisse einzutreten, die der begünstigten charakterlichen und inhaltlichen Stromlinienförmigkeit mit eingebauten absehbaren Eigenständigkeitsnachweisen entsprechen.

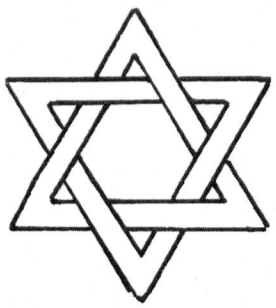

My thought is one hundred percent Hebraic

Wittgenstein sprach jenseits des *doctrinal faith*, der Verpflichtung auf eine Glaubensrealität oder eine Anderes exkludierende Norm des Glaubens. Ein widerstrebend zur Kenntnis genommenes Werk Karl Barths machte auf ihn, so zu Drury, den Eindruck von Arroganz, ein heiserer Straßenprediger wirke vulgär. Satz 7 des *Tractatus* scheint auf. Nie werden nur Inhaltswerte beurteilt. Letztlich lassen sich andere im Namen des Glaubens schwer adressieren, wer glaubte, würde schweigen, das mystische Motiv überwiegt. Zugleich: Glauben in der Implizitheit der Lebensvollzüge, das Christentum gebe eine historische Nachricht, auf die nicht wie auf eine historische Nachricht reagiert werden solle. Eine *ganz andere* Stelle des Lebens solle hiervon eingenommen werden und dies sei nicht paradox (Vermischte Bemerkungen). Das Fordernde des Glaubens jenseits seiner Befriedung zum blinden Ritual, dem man aus Konventionalität folgen kann, zugleich Verzicht und Erhöhung. Als Wittgenstein zu Drury sagte, sein Denken sei einhundert Prozent hebräisch, war dies nicht eine Bemerkung des Ausschlusses im Sinne des *normative Judaism*, sondern, im Kontext charakterisierend, eine Abkehr vom Griechentum als Chiffre für gewöhnliche abendländische Denkbewegungen sowie gegen eine Art von oberflächlich rationaler Ausrichtung, die bei den Griechen als Kontemplation ansichtig wurde, die der hebräischen Eigenheit entgegensteht, Bedeutung in Praxisformen und Geschichte zu suchen, hier ist die „Gebrauchstheorie der Bedeutung" nicht weit.

Das Bild im Vordergrund oder Sätze des Glaubens

Sätze des Glaubens werden, so Wittgenstein nach Vorlesungsmitschriften von Studenten, nicht als empirische Sätze behandelt. Wer glaubt, fühlt diese Notwendigkeit nicht, es ist eine andere Hinwendung zu den Lebenstatsachen, man fordert nicht Beweis und Beleg. Darin liegt dann kein Verzicht oder ein Sich-Bescheiden, sondern eine Stärke des Glaubens, die kaum bemerkt wird, die dem Glaubenden selbstverständlich ist. Der groteske Ausdruck „Augenhöhe" ist hier ganz fern – und ebenso fehlgeleitet wäre es, wie Wittgenstein zu Drury sagte, die Formulierung zu verwenden, etwas „sehe Gott ähnlich". Wer so redet, kann das Höhere nicht auffassen. Es ist nicht altmodisch, dies zu sagen, sondern etwas, das sich vom falschen Kollektivitätsideal des „Nachvollziehens" verabschiedet hat. Es geht auch nicht darum, etwas zu plausibilisieren – vor wem? Das Urtümliche dieser Glaubensüberzeugungen geht nicht in die Vergleichsanordnung. Es ist verbunden mit einem Sinn für das Wunder, für das, was erscheint, ohne es zu entzaubern. Wem sich dies Bild des Glaubens in den Vordergrund geschoben hat (nicht Wahl, sondern unabwendbare Perspektive), der vermag manche Sätze zwar zu verstehen, aber als Lautfolgen, nicht einer Einbettung nach. Wer des Glaubens gewiss ist, betrachtet dies nicht als Sache von *Vernünftigkeit*. Daher auch die Bemerkung Wittgensteins: „Wie ein Wort verwendet wird, das sagen Worte allein nicht. (Theologie.)" Es ist eine Sache unmittelbarer Einsicht, ohne nach einer Einsicht zu suchen – *au fond* nicht lehr- oder lernbar und reformulierbar im weiteren Sinne als Wahrnehmungsfähigkeit für das, was sich nicht auf den ersten Blick zeigt – Ahnungsvermögen, ohne in die üblichen Unterscheidungen einzugehen.

> Ein Mensch ist umso bedeutender, je mehr alle Dinge für ihn bedeuten. Der bedeutende Mensch hat eine Geschichte, den Imperator hat die Geschichte. Der bedeutende Mensch zeugt die Zeit, der Imperator wird von ihr gezeugt und – getötet. Ebensowenig wie der große Willensmensch besitzt der große Wissenschaftler, wenn er nicht zugleich großer Philosoph ist, ein Anrecht auf den Namen des Genius.

> Der Zustand der sexuellen Erregtheit bedeutet für die Frau nur die höchste Steigerung ihres Gesamtdaseins. Dieses ist immer und durchaus sexuell. W geht im Geschlechtsleben, in der Sphäre der Begattung und Fortpflanzung, d.i. im Verhältnisse zum Manne und zum Kinde, vollständig auf, sie wird von diesen Dingen in ihrer Existenz vollkommen ausgefüllt, während M nicht nur sexuell ist. Hier liegt also in Wirklichkeit jener Unterschied, den man in der verschiedenen Intensität des Sexualtriebes zu finden suchte. W ist nichts als Sexualität, M ist sexuell und noch etwas darüber.

Wittgenstein und Weininger

Ernst und Dringlichkeit der gedanklichen Überzeugungen Wittgensteins ließen ihn Verwandtschaften zu Otto Weiningers *Geschlecht und Charakter* (1903) erkennen. Vor allem Ton und Intensität des genialischen, inhaltlich wider Willen eine Bestandsaufnahme gängiger Ressentiments gebenden Jugendwerks mögen den Autor des *Tractatus* gereizt haben. Es war eine typische Schrift im Geiste des Wiener *Fin de Siècle*. Die *prinzipielle Untersuchung*, lat. *principium* heißt Anfang, Ursprung, formuliert kurz vor Weiningers Freitod im Alter von 23 Jahren im alten Raster von Männlich- und Weiblichkeit eine Reihe von Vorurteilen gegen das „Weib" und dessen Geistlosigkeit. Auch antijüdische Ressentiments sind darin enthalten. Weininger war selbst Jude. Er stand auf der von Wittgenstein 1931 verfassten Liste derjenigen, die ihn beeinflusst haben. Nach E.M. Cioran vermochte Weininger einen Gedankengang so weit zu treiben, bis er sich selbst auflöse, in „schwindelerregenden Übertreibungen" werde jeglicher *common sense* verneint. Jenseits des gesunden Menschenverstandes gedieh etwas, dem Wittgenstein sich nah fühlen konnte – kein Normaldiskurs. Er empfahl das Buch seinen Freunden, wegen der antifeministischen Inhalte sei die Verbindung zu Wittgenstein, so David G. Stern und Béla Szabados, "particularly charged". 1904 erschien Weiningers Textsammlung *Über die letzten Dinge*; ein Mensch *könne*, schreibt er dort in großer Nähe zu einer Nuance Wittgensteinscher Weltwahrnehmung, „an nichts anderem zugrunde gehen, als an einem Mangel an Religion."

Wittgenstein und Schopenhauer

Eine pessimistische Semantik und das Mitgefühl der Schopenhauerschen Mitleidsethik (das die Kreatur, die Tierwelt, einschließt und sich an ihr beweist). Das Hauptwerk *Die Welt als Wille und Vorstellung* wirkte auf Wittgenstein; Schopenhauers Beteuerung, der Gedanke des Buches sei, „was man unter dem Namen der Philosophie sehr lange gesucht hat", erinnert an den Gestus Wittgensteins in der Perspektivierung des *Tractatus* als Ort der endgültigen Lösung philosophischer Probleme. Als Drury sagte, er habe gerade Schopenhauer zum Thema des metaphysischen Bedürfnisses des Menschen gelesen, betonte Wittgenstein, die Metaphysik nicht zu verachten. Vielleicht verbindet ihn mit Schopenhauer die Einsicht in die Bedürfnisnatur und Trostbedürftigkeit des Menschen – der Gebrauchscharakter der menschlichen Kommunikation verneint diese ja nicht, sondern gibt die Erläuterung der Entstehung von sprachlicher Bedeutung vor dem Hintergrund der wandelbaren Bezüge, die in der Entscheidung für nur einen Zugriff, z.B. nüchtern auf Verstehbarkeit und Nachvollziehbarkeit in analytischer Philosophie, nicht aufgehen. „Nüchtern und sachlich warum?", fragt der analytische Philosoph, der ahnt, dass ihn diese Entscheidung von anderem gar nicht abhält. Schopenhauer schreibt in seiner Willensmetaphysik, dass die Welt meine Vorstellung ist, Objekte sind durch das Subjekt bedingt. Alle Erscheinungen sind Objektivationen des Willens, dieser liegt der Welt – unerkennbar – zugrunde.

Kierkegaards Wahrheit

Kierkegaard scheine nicht auf den Punkt zu kommen, sagte Wittgenstein einmal, auch wenn man mit ihm übereinstimme, wolle man ihm zurufen, sich doch kürzer zu fassen. Dies verweist auf das Geschäftsmäßige in Wittgensteins Philosophieren, das mit den mystischen Elementen koexistiert und das abweist, was in der Forschung Kierkegaards *chatter* genannt wurde. Der ethische Typus in *Entweder-Oder* (1843), der wählt, anstelle sich alle Möglichkeiten offenzuhalten wie der Ästhetiker tut, ist im Verhältnis zu diesem gereift. Eine Nähe zu Wittgenstein bietet etwa der dritte und letzte Teil der Entwicklung in diesem Werk Kierkegaards, das „Ultimatum": Es ist erbaulich, dass wir gegen Gott immer Unrecht haben und nur wir haben dies, der Falke, der vom Himmel fällt, hat Recht etc. Der Ästhetiker dagegen ist trotz der Leidenschaft, mit der er (scheinbar) wählt, nur ein sanfter Hauch (*spiritus lenis*). Wenn wir dies – auch – sind, kann dies etwas für unsere Wahlmöglichkeit heißen – Bedeutungsentscheidungen sind nicht Wahl nach Maßgabe von Intentionalität (wie Paul Grice 1957 in *Meaning* sagte), sondern suchen das Du, ohne den Zusatz von Erbaulichkeit. Das Verständnis für das Schweigen, das Paradox, gegen das wir, mit Kierkegaard, anrennen (Waismann schreibt davon in Aufzeichnungen über Gespräche Wittgensteins mit dem Wiener Kreis), das Wittgensteins Rede vom Anrennen gegen die Grenze der Sprache antizipiert, kennt ein Sich-Abschließen von der Welt. Bei Kierkegaard mündet es in das fröhliche Bekenntnis des Unrechts, bei Wittgenstein u.a. in die Beschränkung auf das relative Werturteil und den Verzicht auf Ethik als expliziten Werkbestandteil.

Wittgenstein und Spengler: Betrachte die Blumen am Abend

Oswald Spengler beschrieb in *Der Untergang des Abendlandes* (1918) in nur scheinbar apokalyptischer Tönung eine „Morphologie der Weltgeschichte", d.h. eine von Blüte zu Untergang abrollende Form. Er betont, dass alles Kosmische eine Periodizität besitzt, Takt. Dieser kosmische Takt löse zuweilen die allen Einzelwesen inhärente Spannung in einen Einklang. Der „kosmische Kreislauf des Blutes" lässt ihn über die Zucht des Adels schreiben, der in der Welt als Geschichte lebe, nicht Bildung und Einzelleistung brauche; weltgeschichtlich solle das Chaos von „Völkerformen" geordnet werden. Zeitdiagnose: 1914 hatte der Erste Weltkrieg begonnen, später nach Versailles sollte die Übertragung in einen formalen Ablauf beruhigen. Die Zivilisation schuf ihre Untergangsszenarien, es war eines der meistgelesenen Bücher der Weimarer Republik. Was Spengler „Abendland" nennt, ist auf das „Jahrtausend von etwa 900 an" beschränkt, ist von der Antike getrennt, Imperialismus ist mit Zivilisation gleichgesetzt, Ausdehnung wird betont. Es geht darum, noch in der kolonialen Rede des britischen Politikers Cecil Rhodes, über sich hinaus zu gehen. Wittgenstein fand „trotz des vielen Unverantwortlichen im Einzelnen, viele wirkliche, bedeutende Gedanken." (Ms-183) Mit Loos, Spengler und Freud gehöre er in eine für diese Zeit charakteristische Klasse – wenn auch Spengler weiter gegangen sei, als seine guten Gedanken reichten (und Spengler, Kraus, Einstein nicht groß seien, da sie sich selbst nicht kennten und verstünden).

Einfluss von William James

Neben den zivilisationskritischen Überlegungen verschiedener Philosophen, die in Wittgenstein auf ein aufnahmebereites kongeniales Gemüt trafen, ist William James zu nennen, dessen *The Varieties of Religious Experience* (1902) Wittgenstein half, wie er im Jahr 1912 an Russell schrieb, die Sorge loszuwerden. Nicht im Sinne Heideggers, sondern denkend an Goethes zweiten Teil des *Faust*, wo die Sorge spricht: „Wen ich einmal besitze,/dem ist alle Welt nichts nütze;/Ewiges Düstre steigt herunter,/Sonne geht nicht auf noch unter…" Neben der Trostfunktion (James spricht von der *sick soul*) gibt es die inhaltliche Verwandtschaft; James wird mehrfach in den *Philosophischen Untersuchungen* erwähnt, auch in Manuskripten (130-138), wo die Quellenlage nicht immer offensichtlich ist. James sei *a real human being*, so Wittgenstein zu Drury, er steht für die gute Lebensnähe, vertrauenserweckenden Konkretismus, und es gibt mit *The Principles of Psychology* Verbindungen zu Wittgensteins Philosophie der Psychologie. „James will eigentlich sagen: ‚Was für ein merkwürdiges Erlebnis! Das Wort ist noch nicht da und ist doch, in einem Sinne, schon da, etwas ist da, was nur zu diesem Wort heranwachsen kann.' Aber das ist gar kein Erlebnis. Die Worte ‚Es liegt mir auf der Zunge' drücken kein Erlebnis aus und James gibt ihnen nur die seltsame Deutung." (Ms-138) Hier ein Erlebnis sehen zu wollen, ist das Spiel der alten, irreführenden Sprachlogik, die so vom Menschen zu denken lange gelernt hat. Vielmehr werden die Worte situativ und „von einem Benehmen besonderer Art" (Ms-138) umgeben verwendet. Die kritische Referenz auf James schreitet Verwandtes ab, das zum Eigenen ins Verhältnis gesetzt wird. Das Element des philosophischen Pragmatismus, der Wahrheit mit Nützlichkeit zusammenbringt, gemeinsam mit psychologischen Einsichten wie der Unterscheidung von Ich (*I*) und Selbst (*me*) und einer Auffassung von Religion, die nicht kalkulieren solle, trafen fruchtbar auf Wittgensteins Diskussionsziele.

Cavell und das Gewöhnliche

Teile der neueren Wittgensteinforschung beziehen sich auf Stanley Cavell, der zunächst mit der Essaysammlung *Must we mean what we say?* im Jahr 1969 hervortrat und darin mit *"The Availability of Wittgenstein's Later Philosophy"* einen klassischen Text der Verteidigung normalsprachlicher Positionen vorlegte. Zugleich verglich er Wittgenstein hier mit Freud in Bezug auf den therapeutischen Charakter seiner Untersuchungen und Heilungsversuche; es gehe hier wie dort um ein Verstehen, das von innerer Wandlung begleitet sei. Scheint in dieser Programmatik die konversive Natur des Mediums auf, gibt es Verweise auf den transzendentalen Aspekt in Wittgensteins Philosophie (PU 90) und ein Zitat aus der *Kritik der reinen Vernunft* – "That is not the clearest remark ever made", lautet die lakonische Distanzierung. Cavell kompilierte zudem früh Themen, die in orthodox analytischer Prosa fehlen: Theater (Shakespeare), Film („anschlussfreudiger Filmphilosoph" (Schwaab)), Kunst, Tragödie – jene moderne Mischung medialer Bezogenheiten, die in Texten verbindet, was bei Wittgenstein mit anderem Referenzrahmen an einzelnen Stellen steht – Cavell ist ein anderer Typus des Autors, der in den Diskurs hineinholt, was Sehgewohnheit geworden ist, manchmal modisch, manchmal im Erinnern an das Kindliche der Kinoerfahrung in intensiver Voraussetzungslosigkeit. Deutungen melodramatischer Filmklassiker widersprechen Wittgensteins zivilisationskritischen Aspekten; Anverwandlungen, gewiss, aber wenn es etwa um die Tragödie geht, hat diese Merkmale, die sich solcher Verwendung sperren. Cavells Versöhnungsabsicht in Bezug auf oftmals getrennte Sphären, vor allem in Auseinandersetzung mit dem Skeptizismus, öffnet Wittgensteins Denken der Populärkultur.

Blumenberg und Wittgenstein

In den Rhythmen des Lebens artikulieren sich die großen Zeitverläufe auch gegen unseren Willen – Grundzeichen unserer Anthropologie ist, dass wir nicht gefragt wurden, ins Leben hineinzugehen. Hans Blumenberg sah das Lebens als das, was uns auferlegt sei, zu schwer für uns. Er beschrieb mit der *actio per distans* die Bedeutungsbildung auf räumliche und zeitliche Entfernung, sah den sprachverwendenden Menschen als Vertrautheit suchendes *animal symbolicum*, das sich in Metaphernbildungen beruhigt (die absolute Metapher spielt eine eigene Rolle) und verbindet sich mit Wittgenstein in einem Prozess der Sichtbarmachung über Umwege: Umwege der Grammatik entpflichten Sinn aus jener Universalisierung, in der im philosophischen Kontext einzelne Aussagen lange ihre Beglaubigung erfahren hatten. „Nur wenn wir Umwege einschlagen, können wir existieren", sagt Blumenberg in *Die Sorge geht über den Fluß* (1987). Der direkte Weg wurde in Wittgensteins Arbeitsweise ebenso vermieden (ein weites Gedankengebiet wurde kreuz und quer durchreist (Vorwort, PU)), wie nicht etwa autoritative Akte des Meinens dem, was jemand sagt, Bedeutung verleihen. Eine umweghafte Qualität liegt in der Gemeinschaftlichkeit der Zeichenentstehung; Prozesse, in denen sich in der Sprache vorbereitet, was sprachliche Äußerungen trägt und tragen wird, haben nicht jene Direktheit der Rede, die scheinbar nur ausdrückt, was eine sprechende Person will. In einer Bemerkung aus dem Nachlass spricht Blumenberg vom „Abschied von der Unsterblichkeit" (Lebensthemen) – auch dies verbindet die, die Bedeutungsbildung an Gebrauchsweisen knüpfen und Wahrheit nicht mehr, wie noch im Wiener Kreis, als „idealisierte Protokollsprache" (Blumenberg) auffassen.

Subjektivität

Die Entstehung sprachlicher Bedeutung ruft Subjekte als Teil einer Gemeinschaft auf. Sie kommen in Wittgensteins Philosophieren als grammatisch bestimmt in den Blick, nicht mehr wesenhaft, mit scheinbar unveränderlichen Qualitäten. Der Ausdruck „Subjektivität" ist zum einen in einem Sprachganzen situiert, das ohne individuelle Sprechleistungen nicht bestehen kann; zum anderen sind die Subjekte, was ihre geteilte Sprache ihnen gestattet zu sein (und dass es außer- und übersprachliche Erfahrungen gibt, etwa Mystik, bildhaftes Erleben, zeitliche Entgrenzung, mediale Überschüsse etc., ist nicht vergessen). Der späte Wittgenstein hat den Solipsismus des *Tractatus* in geteilte Gebrauchspraxen überführt, die von verbindenden Regeln gehalten werden, ohne dauerhaft und unveränderlich begründet zu sein. *Antifoundationalism*, aber auch eine "initiation into the community" (Chantal Bax), die jene in die Sprache einsetzt, die sie nicht alleine verändern werden. War das Subjekt im *Tractatus* „eine Grenze der Welt" (5.632) und gehörte nicht zu ihr, wird im Spätwerk das Subjekt als Teil einer Welt beschrieben, in der es nicht alleine etwas vermag. Individualität als Quelle der Bedeutungsbildung anzunehmen wäre kindlich, auch: mentalistischer Irrtum; in der Werkentwicklung nimmt bei Wittgenstein das Einbeziehen des Anderen in den theoretischen Rahmen immer mehr zu, der sich in der Praxis beweist. Der Schmerz des Subjekts, dessen Trostbedürftigkeit und die Fähigkeit, sich an Situationen zu verlieren, die durch den Verweis auf Kontexte nicht zu lösen sind, bleiben bestehen – die *consolatio* liegt in anderen Gegenden.

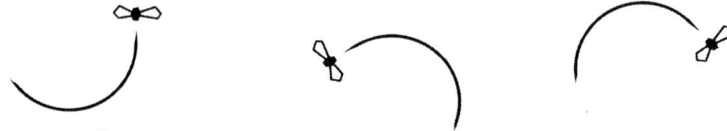

Inneres und Äußeres

Ein Leitmotiv der Behandlung der Frage des Inneren und des Äußeren ist das Sehen des Anderen. Hier ist etwa die Veröffentlichung *Letzte Schriften über die Philosophie der Psychologie (1949-1951) Das Innere und das Äußere,* hrsg. von G.H. von Wright und Heikki Nyman, zu nennen. Neben den Verbindungen, die durch die Sprache gesichert scheinen, die Verständigung als Austausch von Wörtern in kontextualisierten Äußerungen begreifen und darin eine Nähe zu dem zu finden meinen, der nicht ich ist, gibt es oft den Eindruck, andere nicht zu verstehen: „Man sagt auch: Ich verstehe die Freude und die Trauer dieses Menschen nicht. Und was heißt das? Nicht dies, daß er eigentlich in meinem Sinn nicht traurig und nicht fröhlich ist? Und was heißt es nun zu sagen: In seinem Innern ginge vielleicht gerade dasselbe in ihm vor wie in mir, es habe nur einen andern Ausdruck?" (S.43) Damit jemand fröhlich ist, muss ich es nicht beglaubigen können und ich könnte es auch gar nicht – wenn ich in einer Situation die Fröhlichkeit eines Menschen nicht verstehe, dann nicht, weil mir im Gegensatz zu ihm der Zugang zu seinem Inneren fehlte. Vielmehr kenne ich andere Situationen, die mir beigebracht haben, was in unserer kulturellen Rahmung heißt, dass jemand fröhlich ist und empfinde daher seine Fröhlichkeit vielleicht als unangemessen. Ohne seine und meine Einbettung in eine Kultur könnte ich aber nicht mal den aus meiner Sicht falschen Ausdruck der Freude erkennen, den er an den Tag legt. Wir können nur auf die Idee kommen, dass Ausdrücke, die jemand zeigt, sich im Inneren begründen, weil u.a. die überlieferte Philosophiegeschichte das Bild vom exklusiven und bedeutungsstiftenden Inneren lange kultiviert hat. Jenseits der idealistischen Tradition, auch jenseits eines neuzeitlichen Menschenbildes, das in der Stärke des *Cogito* (Descartes) initiiert wird und *res cogitans* vor *res extensa*, Geist vor Materie – am Leitfaden des Leib-Seele-Problems – bevorzugt, sind wir auf den Ausdruck als Moment der Teilnahme am öffentlichen Geltungsspiel verwiesen, ohne dies behavioristisch verkürzen zu müssen.

Verstehen, Unsicherheit

„Bedenke", fährt Wittgenstein fort, „daß wir den Andern nicht nur dann nicht verstehen, wenn er seine Gefühle versteckt, sondern oft auch dann nicht, wenn er sie nicht versteckt, ja wenn er sein Äußerstes tut, sich verständlich zu machen." Kommunikation als schwieriges Geschäft, von Fragen der Passung, Gesprächsführung, Prägung, sozialer Situierung betroffen und gestört. Manchmal können psychisch Kranke mich nicht verstehen, auch wenn ich sie verstehe, was alles mühselig macht; manchmal kann jemand meine Freude nur als das sehen, was er relativieren muss, um seinen Ansprüchen zu genügen etc. D.h., das Nichtverstehen des Andern wurzelt meist nicht im versteckten Gefühl, also darin, dass wir etwas nicht sehen würden oder etwas uns nicht zugänglich wäre, sondern Kommunikationsvorgänge sind mit Zweifeln behaftet, die wir manchmal auszuräumen suchen. Absichtlich etwas zu verbergen, Liebe oder Schmerz nicht zu zeigen, hat nicht die Pointe, dass es im Inneren verborgen wird, sondern dass versucht wird, bestimmte von anderen lesbare Zeichen nicht zu geben (ungerührt zu tun). Was ich nicht weiß, das finde ich nicht im Inneren; ich könnte gar nicht wissen, wonach ich suchen sollte, es gibt diese Durchsichtigkeit nicht (der Andere kann mir etwas vorenthalten, aber nicht, weil er es in seinem Inneren verschließt). Wittgenstein verkennt nicht die Motive von Rückzug und Geheimnis, im Sinne der Kritik am Mentalismus haben wir für innere Vorgänge äußere Kriterien. Handlungen sind nicht das Ergebnis geistiger Vorgänge, wie der Mentalismus behauptet. Auch bei dem, der sich nicht verstellt, weiß ich nicht (als Folge) wie ihm zumute ist.

Kennen und Fragen

Dass wir uns selbst nicht in der Weise kennen, wie es durch theoretische Prägungen nahegelegt wird und uns nicht auf diese Weise kennen müssen, ist etwas, woran Wittgenstein in seiner Philosophie der Psychologie, aber auch implizit in unterschiedlichen Zusammenhängen erinnert. Es ist der *practice turn* der *Untersuchungen*, die Gebrauchssituationen beschreiben, anstatt im Höheren oder Abstrakten nach Erklärungen zu suchen, nach denen wir de facto meist nicht fragen. (Nicht, weil wir so leicht zufriedenzustellen wären oder auf etwas verzichteten, sondern weil sprachliche Lebensvollzüge bereits antwortenden Charakter haben und die in Sprachspiele Eingebundenen daher manche Fragen nicht stellen.) Regelgeleitete Sprachverwendungen als Gebrauchspraxen, weltlich und prosaisch, scheinen etwas nicht zu treffen, das in der menschlichen Bedingtheit liegt. (Und das wir, mit Walter Benjamin, oft in das Vergessene verschieben, das schwer scheint „vom ganzen gelebten Leben, das es uns verspricht." (*Berliner Kindheit um neunzehnhundert* (Erstausgabe 1950)). Doch im Weltlichen liegt bei Wittgenstein ein Leichterwerden der Last: „Das Seltsame an der philosophischen Beunruhigung und ihrer Lösung möchte scheinen, daß sie ist, wie die Qual des Asketen, der, eine schwere Kugel unter Stöhnen stemmend, da stand und den ein Mann erlöste, indem er ihm sagte: ‚laß' sie fallen'." (Ms-112) Sich dem falschen System anzupassen, heißt, die Last nicht ablegen zu können. In der geordneten Sprache eine weitere Ordnung nicht zu suchen, da dies nur eine reaktive Anpassungsleistung wäre, kann die durch Sprache begründeten Beunruhigungen lösen.

Practice Turn

Turns und Wendungen sind in der Beschreibung der Entwicklung von Wissensinhalten allgegenwärtig geworden; nach dem bestimmenden *linguistic turn* entdeckte man in diesem Wort ein leichtgängiges Ordnungsmuster, von *perceptual turn*, *spatial turn* über *iconic turn* bis zu *cultural turn* etc. Der *practice turn* wurde 2001 in einem Sammelband (Hg. von Theodore R. Schatzki, Karin Knorr Cetina, Eike v. Savigny) vielschichtig auf gegenwärtige Theorie bezogen. David Bloor hebt in Bezug auf das Verhältnis von Theorie und Praxis zwei Möglichkeiten hervor, dieses zu definieren: entweder der Theorie oder der Praxis Priorität zu geben. Die Tradition des Rationalismus sei für die erste Vorgehensweise oft genannt worden, Konservatismus manchmal für die zweite (zurückgehend auf den konservativen Denker Michael Oakeshott). Wittgenstein wird ebenfalls als konservativer Denker betrachtet, etwa in seinem Fortschrittsskeptizismus oder dem Interesse an Spengler sowie einem theologischen Voluntarismus, der oft übersehen werde. Die Fähigkeit, ein Problem in einen konkreten Fall zu destillieren, zeichne Wittgenstein aus und zeige sich am Aspekt des Regelfolgens, der zentral für die Theorie-Praxis-Relation sei. Wittgensteins Leistung bestehe darin, Regelfolgen, *rule-following*, für die konservative Tradition zurückzugewinnen, indem er es "consistent with the priority of practice" beschreibt. Dies räume etwa ein Versäumnis der Wissenssoziologie (Karl Mannheim) aus. Fragen lässt sich nach der Reichweite der Identifizierung Wittgensteins als konservativ wie der Annahme, dass dieser Zug seines Denkens sich in einer Praxisbetonung zeige. Praxisbezug im weitesten Sinne erscheint als Zuordnungsentscheidung und -absicht; die Wendung zur Praxis prämiert keine *mental entities* mehr, sondern Fähigkeiten oder Dispositionen.

Wittgenstein und Frazer

In Wittgensteins Bemerkungen über Frazers *Golden Bough* (zuerst veröffentlicht 1967 in *Synthese*) geht es um Magie, Wissenspraktiken, religiöse Anschauungen und darum, in das menschliche Leben, wie es sich darbietet, einzustimmen. Der Anthropologe James George Frazer veröffentlichte 1890 *The Golden Bough. A Study in Magic and Religion*. Der Titel des Werks bezieht sich auf Vergils *Aeneis*: Ein goldener Zweig führt in diesem Epos zum Zugang zur Unterwelt. Frazer beschreibt den Dreischritt Magie-Religion-Wissenschaft als fortschrittshaften Weg der Entzauberung; dabei bedient er die Rhetorik der ausschließenden, Magie abwertenden, den scheinbaren „Primitiven" ihre Ordnungsmuster nicht lassenden Überlegenheitsdiktion. Wittgenstein kritisiert genau dies: Frazers Darstellung der magischen und religiösen Anschauungen der Menschen sei unbefriedigend, da sie diese Anschauungen als Irrtümer erscheinen lasse. Eine andere Vorstellung elementarer, gemeinschafts- und ordnungsstiftender Annahmen als der üblichen westlichen ist aber kein Irrtum, sondern eine eigene Art, die Welt zu sehen, in eigenem Recht und Rhythmus (dem Tanz für den Regengott). Es wurde gar keine Theorie aufgestellt, von der man sagen könnte, sie sei irrig. Frazer erkläre nur, so Wittgenstein, Menschen, die ihm ähnlich seien, was andere Menschen täten. D.h., er spricht nur zu seinesgleichen über das scheinbar Fremde. Man kann ein Volk nicht darauf aufmerksam machen, dass es in einem Irrtum befangen ist – als sollte dann aus besserer Einsicht eine Änderung eintreten. Im Reich der religiösen Symbolik geht es nicht um Meinungen, nur diesen entsprechen Irrtümer. Frazers Erklärungen appellieren vielmehr an eine Neigung in uns selbst, d.h. den Wunsch, aus den eigenen Plausibilisierungen nicht heraustreten zu müssen und nicht zu sehen, dass jede Handlungsweise in ihrer Umgebung plausibilisiert ist.

Wissenschaftskritik

Wie Wittgenstein dem eindimensionalen Blick auf soziale Ordnungsstrukturen die bedeutungsverleihende Kraft der Umgebung entgegenstellt, hat man ihn als Zeugen einer Wissenschaftskritik genommen, die etwa darin bestand zu befürchten, Szientismus nehme den Dingen ihr Wunderbares, lasse das Staunen angesichts der kalten Berechnung verstummen oder sei unfähig, das Mystische zu begreifen. Paul Feyerabend, dessen späte anarchische Kritik unhinterfragter Standards von Rationalität und Objektivität in den bekannten Slogan *anything goes* mündete, neue Legitimationsstrategien vorschlagend, etwa Aktivismus von Gruppen, um *Erkenntnis für freie Menschen* (1980, veränderte Neuausgabe) zu ermöglichen und den „Mythos von der Vernunft" zu durchbrechen, wies manche Verwandtschaft mit Wittgenstein auf. „Wissenschaftliche Fragen können mich interessieren, aber nie wirklich fesseln. Dies tun für mich nur begriffliche & ästhetische Fragen. Die Lösung wissenschaftlicher Probleme ist mir, im Grunde, gleichgültig; jener andern Fragen aber nicht." (Wittgenstein, Ms-138) Dies kann nur den überraschen, der am Normaldiskurs klebt. Es geht nicht nur um Pluralität, das Wort müder Standardrede nah, sondern, mit Feyerabend, um ein Sich-Besinnen auf Beurteilungen, die sich nicht auf akzeptierte Maßstäbe gründen, insofern, mit Wittgenstein, diese erst den Missverständnissen in der Sprache Vorschub leisten (akzeptierte Maßstäbe im negativen Sinne – nicht: etablierte Weisen, einer Regel zu folgen, sondern fälschlich akzeptierte Vorstellungen dessen, was etwa ein philosophisches Problem sei, was Erkenntnis etc). Hatte Feyerabend 1954 im *Merkur* noch gemahnt, Wittgensteins Werk solle „Gegenstand echt philosophischer, d.h. rationaler Untersuchung werden", zeigte sich die Verwandtschaft beider später immer mehr.

Wittgenstein und die Literatur

Wittgensteins Stil verrät Weltkenntnis, Sensitivität, ein automatisches Vermeiden von absehbaren Meinungen und Urteilen und Einfühlung in das, was die Seele sucht. Er ist kein Literat und Vertreter der analytischen Philosophie bemühen sich, seine Bemerkungen von Aphorismen abzusetzen, um die Ernsthaftigkeit seiner Äußerungen zu unterstreichen. Diese Unterscheidungen sind selbst Ausdruck einer Kultur, in der manches zugelassen ist, anderes nicht. Wie Wittgenstein inmitten seiner Tagebuchaufzeichnungen oder thematischen Überlegungen (die nicht immer voneinander zu trennen sind) auf literarische Referenzen zurückgreift (Goethe, Uhland, Anzengruber, Grillparzer etc.), weist ihn als Repräsentanten einer kulturellen Herkunft aus, die diese Referenzen selbstverständlich zur Verfügung hat. Dass er sagte, Philosophie dürfte man eigentlich nur dichten und dadurch seine Stellung zur Philosophie zusammengefasst zu haben glaubte (Ms-146), bezieht sich genauer darauf, wie weit sein Denken „Gegenwart, Zukunft oder Vergangenheit angehört". Es ist eine zeitliche Pointe, die diese Betonung des Dichterischen als des Eigentlichen hat. Gehört denn die dichtend verfasste Philosophie noch zu einem gegenwärtigen Zeitalter? Ist die Gegend der Dichtung nicht eine Vergangenheitsform menschlicher Bezogenheit? Sein Unzeitgemäßes und Eigenes kam auch aus dieser Verwandtschaft, dieser nicht aufrechenbaren Literarizität. Er wirkte auf Künstler, die ahnten, dass sein Ausdruck nicht aus dem Wörterbuch der Gemeinplätze stammte.

Die Bewegung, die hinter diesem Philosophieren steht, das nicht zur Lösung unserer Lebensprobleme beitragen kann, das in seiner Leidenschaft nach der ganzen Wahrheit nur die dürre, formelhafte, „ewige" Wahrheit der Logik zu bieten hat - Sätze, die wir überwinden müssen, um die Welt richtig zu sehen -, ist die gleiche, von der Baudelaire in seinem Gedicht „Le Gouffre" spricht. Wie Pascal bewegt sich Wittgenstein in und mit seinem Abgrund; von allen Grenzen strömt, was er nicht nennen darf, auf ihn ein.

Ingeborg Bachmann

Die Dichterin, die mit *Die gestundete Zeit* (1953) und *Anrufung des großen Bären* (1956) in der Nachkriegszeit plötzlich von jenen „härteren Tagen" sprach, die gerade nicht überstanden waren, die das Land ihrer Seele „erliegen sah", in eigentümlicher Erinnerung im „Abschied von England" und deren „erstgeborenes Land" Italien war, hat wirkmächtig in „Ludwig Wittgenstein. Zu einem Kapitel der jüngsten Philosphiegeschichte" (1953) ausgesprochen, was sein Ausdruck ihr längst gesagt hatte. Er sei „der unbekannteste Philosoph unserer Zeit" gewesen, was zwei Jahre nach seinem Tod zutraf, als noch keine Konjunktur der Wittgenstein-Publikationen (deren Beklagen zu dieser gehört) ihn zum Lieblingskind der Diskurse gemacht hatte. Bachmann fand sich in seiner Weltvermeidung, die er „nach Abschluß des *Tractatus logico-philosophicus*" gesucht habe und befand, die „Legende" habe „sein Leben abgelöst noch zur Zeit, als er lebte." Legendenbildung betraf beide, die sogenannte Ikone der Nachkriegsliteratur hatte sich vor dem öffentlichen Bild zurückgezogen, in die Zeit seelischer Krankheit und Anfechtung, *male oscuro*. 1949 Dissertation: *Die kritische Aufnahme der Existentialphilosophie Martin Heideggers*. Als Ingeborg Bachmann sagte, wir müssten „wahre Sätze finden", wurde deutlich, dass sie verloren waren. Dies berührt sich mit Wittgensteins Frühphilosophie und damit, die Wahrheit der Sätze am Schweigen anzusiedeln. Bachmann zeichnet im Artikel von 1953 Wiener Kreis, Neopositivismus, Scheinsätze, die Grenzen des Sagbaren u.a. nach – sprachkritische Reflexe finden sich etwa in der Erzählung „Alles" oder dem berühmten Gedicht „Reklame" – die „Traumwäscherei" hat den Träumen genommen, was nicht Realitätsprinzip war und sie handhabbar gemacht. Wittgenstein habe nach der Zerschlagung der Metaphysik durch die Analyse übernommen, was übriggeblieben war: „zuerst die Wissenschaft und dann die Religion."

Ein Mann des 19. Jahrhunderts. Ein vergangenes Kulturideal

Wittgensteins Geschmacksurteile waren oft traditionell und er war eher der Welt des 19. Jahrhunderts verpflichtet als der moderneren Zeit. Bestimmte Werte hatten sich hier gebildet, denen er treu blieb. Schon Freud, der mit seiner Psychoanalyse stark in das 20. Jahrhundert hineinwirkte, sah er ambivalent. In der Musik erwähnt er etwa Schubert, Bruckner oder Beethoven, in der Dichtung Ludwig Uhland, Franz Grillparzer oder Ludwig Anzengruber. Seine üblichen Referenzen waren nicht die der Avantgarde oder der letzten Mode. Er war sich dessen bewusst. Sein Kulturideal schien ihm eine Fortsetzung aus der Zeit des Komponisten Schumann zu sein, aber nicht im Sinne der Fortsetzung, die dieses Ideal in der zweiten Hälfte des 19. Jahrhunderts tatsächlich erhalten hatte. Instinktmäßig war Wittgensteins Vorstellung der Kultur eine andere, schrieb er im Jahr 1929, als jene der Zeit, in der er im 20. Jahrhundert lebte. In einem berühmten Satz aus dem Jahr 1930 heißt es in einer visionären und zivilisationsskeptischen Bemerkung, aus der früheren Kultur werde ein Trümmerhaufen und zuletzt ein Aschehaufen werden, aber dann würden Geister über der Asche schweben. Die Art seines Philosophierens, indes, die sich an die richtete, die wie er dachten und gedacht hatten, schien ihm selbst immer wieder neu zu sein.

Das einfache Leben. Auf den Spuren Tolstois

Wittgenstein neigte zum einfachen Leben, mit den Privilegien und komfortablen Gewohnheiten seines Aufwachsens hatte er mehrfach gebrochen: Sein Erbe verschenkte er unter seinen Geschwistern, den Lebensstil des ersten Aufenthaltes in Cambridge, als er noch als junger Mann seiner Herkunft auftrat, etwa bei den Ferienreisen mit einem Freund erster Klasse reiste etc., ersetzte er bald durch eine auch äußerlich ungezwungenere Form. Er schien in die eleganten Interieurs der Lebenswelt seiner Familie nicht mehr hineinzupassen. Gleichwohl sah man ihm immer den Herrn an, d.h., eine Haltung der Überlegenheit und des ererbten Selbstbewusstseins blieb. Im sozialen Kontakt sollte nicht das Beispiel anderer leiten, sondern die Natur, auch darin besteht eine Nuance der beabsichtigten Einfachheit – die Natur solle man sprechen lassen, über ihr nur ein Höheres kennen, aber sich nicht um das scheren, was die anderen denken könnten. So war Wittgenstein ein unabhängiger Geist in einer Welt von Abhängigkeiten. Er fühlte sich zu Tolstois Werk hingezogen, der in diesem u.a. die Einfachheit des bäuerlichen Lebens beschrieb und dessen *Kurze Darlegung des Evangeliums* ihm ein Trost in den Wirren des Ersten Weltkriegs war. Er wurde von den Soldaten „der mit dem Evangelium" genannt. Dem Geist zu dienen, erschien ihm wünschenswert. Das Leben: ganz in der Gegenwart. Er dachte während seines Dienstes im Krieg an die Worte Tolstois: „Der Mensch ist ohnmächtig im Fleische, aber frei durch den Geist."

Das Leitmotiv des Exils

Der Exilgedanke ist in Wittgensteins Schreiben enthalten im Akt des Schreibens selbst. Auf Englisch in universitären Kontexten, auf Deutsch von der Geburtssprache herkommend. Ob Gedanken sich in Sprachen exilieren können, ist eine Frage, die an das rührt, was in einer Kultur für selbstverständlich gehalten wird. Exiliertheit kann auch heißen, in einer gegenwärtigen Kultur aufgrund von Prägung, Charakter, Herkommen fremd zu sein, da die eigene Wahrnehmung mit dem, was anderen üblich ist, nicht zusammengeht. (J. Klagge etwa geht in *Wittgenstein in Exile* diesem Punkt nach.) Jenseits der geographischen Bewegung auf der Landkarte ist das Exil die Unfreiwilligkeit, in Symbolbezüge gestellt zu sein, in die man sich nicht finden kann. Meistens wird dies nicht bemerkt und durch Ablenkung und scheinbare (nur adaptive) Präferenzen zugedeckt: Wollen, was man zu wollen gelernt hat, auch in und mit der Sprache. „Du kannst nicht die Lüge nicht aufgeben wollen & die Wahrheit sagen" heißt es im Jahr 1940; Wahrheit nicht als ewige Geltung oder etwas, das an Wahrheitskriterien bemessen wird, sondern etwas, das mit dem übereinstimmt, was in der Kultur niedergelegt ist, die Sprachfähigkeit hervorbrachte. Man kann innerhalb dieser Kultur lügen; die Sprache der Verstellung hat eine eigene Geschichte. Aber Wahrheit als Möglichkeit sprachlichen Ausdrucks bedeutet, vor sich selbst auf die Lügen zu verzichten, die uns lange gehalten haben und nicht mehr einem Bild genügen zu wollen, das uns gefangen hielt (wie Wittgenstein in PU 115 in Abgrenzung von der Abbildtheorie der Bedeutung des *Tractatus* sagt). Die Sprache schien uns dieses Bild „unerbittlich zu wiederholen". Was wir zu kennen glauben, sind die (sprachlichen) Wege, die uns gegeben wurden – der Exilierte, dessen Einverständnis zu einem Bestehenden nicht gegeben werden kann, bewahrt, was Gegenbild sein könnte.

Wittgenstein in Irland

Die Suche nach Abgeschiedenheit spiegelt räumlich, dass Mitte, Zentrum, übliche Plätze des akademischen Lebens zu fliehen sind. In der institutionalisierten Vermittlungs- und Forschungssituation gedeiht wenig Originelles, es ist eine von Imitationsbewegungen geprägte Anschlusskultur, deren fröhliche Geschäftigkeit sich leicht zufriedengibt. Dagegen die Landschaft. Nicht als Natur, in die man geht wie die Städter aufs Land (was schon Valéry verhöhnte), sondern als Ort einer Alleinigkeit aus Notwendigkeit. Maurice O'Connor Drury hatte Philosophie in Cambridge studiert, als Wittgenstein 1929 dorthin zurückkehrte, war er im letzten Jahr. Drury schrieb sich (Wittgenstein hatte ihm den Philosophielehrer und das anglikanische Priestertum ausgeredet) am Trinity College in Dublin für Medizin ein. Wittgenstein besuchte ihn dort mit Francis Skinner. „Was für ein herrliches Land sie haben!" Man wanderte durch Connemara, wo Wittgenstein, wie Richard Wall (1999) beschreibt, beglückt war über die Farben der Landschaft. Später, 1936, besuchte er Drury in Dublin. Straßenschilder in irischer Sprache – das Traurige daran, dem Absterben einer Liebe gleich, sei nicht zu ändern, aber: Dublin als wirkliche Hauptstadt. 1948 lebte Wittgenstein dann in einem Cottage in Rosroe, Einsamkeit als Plage und Segen, in wilder Landschaft. In Dublin wohnte er in Ross's Hotel, da es in Connemara keine medizinische Versorgung gegeben hätte, der Winter kam. Elizabeth Anscombe und Rush Rhees besuchten ihn und sprachen über die geplanten *Philosophischen Untersuchungen* und die Erweiterung mit neuem Material, Rhees wurde zum Testamentsvollstrecker bestimmt.

Francis Skinner

Figurenzeichnungen: Wittgenstein konnte sich Francis Skinner in der Pose des Denkers (nach Rodin) nicht vorstellen. Er schwieg oft und Wittgenstein nötigte ihn zu sprechen. Wie bei mehreren seiner Cambridger Verbindungen suchte er ihn (Mathematik, Graduiertenstudium, *first class Honours*) vom akademischen Leben abzubringen, was dessen Familie wenig begeisterte. Skinner arbeitete als Mechaniker in einer Fabrik und fühlte, dass er nicht nutzen konnte, was ihm gegeben war. Er hatte Wittgenstein zum Mittelpunkt seines Lebens gemacht und sich danach ausgerichtet, "the very centre of his life" (Ray Monk), im Gegensatz zu David Pinsent in den 1910er Jahren, der nicht in diesem Sinne auf ihn bezogen gewesen war. Wittgenstein diktierte Skinner (und Alice Ambrose) 1934/35 das *Brown Book*; im Jahr 2011 wurde ein *archive* gefunden, Texte zu Philosophie und Mathematik, die von einer Zusammenarbeit zeugten, die intensiver war als zunächst angenommen und Skinner eine eigene Rolle zusprach. Ein Foto, das ein Straßenfotograf in Cambridge aufnahm, zeigt beide im selbstverständlichen Gang durch die Universitätsstadt, auf dem Bürgersteig gehend, fast flanierend. Skinner starb, nach zunehmender Distanz, 1941 an Polio. Wittgenstein brauchte nicht Gedanken, kurz darauf, er arbeitete im Guy`s hospital, um nicht wie in Cambridge langsam, sondern vielleicht dort schnell zu sterben (Kriegszeit): "*One word* that comes from your heart", schrieb er, mit müder Seele, an einen Freund.

Elizabeth Anscombe

Mit ihrem Ehemann Peter Geach lebte Elizabeth Anscombe in tiefer Katholizität, *mysterium tremendum*. Nachdem sie Wittgensteins Schülerin in Cambridge gewesen war (nach einem Abschluss in Oxford), wurde sie nach seinem Tod mit Rush Rhees und Georg Henrik von Wright Nachlassverwalterin und eine bedeutende Philosophin des 20. Jahrhunderts. Sie übersetzte Wittgensteins Werk ins Englische und arbeitete zu Sprachphilosophie, Handlungstheorie, Moralphilosophie u.a. Mit Iris Murdoch, Mary Midgley und Philippa Foot entwickelte sich eine Freundschaft – ein Quartett, das Möglichkeiten ausmaß. Unabhängig protestierte sie gegen ein Ehrendoktorat (Oxford) für Harry Truman (1958), da er sich in Bezug auf Hiroshima und Nagasaki des Mordes schuldig gemacht habe, indem er ein Papier unterzeichnete. Ihr Buch *Intention* von 1957 gilt bis heute als handlungstheoretischer Klassiker. Der Begriff der Absicht soll menschliches Handeln aufschließen; beabsichtigen, etwas zu tun, wird davon unterschieden, etwas mit einer Absicht zu tun, und davon, etwas absichtlich zu tun. Nur absichtlich Unternommenes könne als Handlung gelten. Nicht Beabsichtigtes müsse nicht kausal, sondern durch Gründe erklärt werden. Tiere können Absichten haben, aber keinen eigenen Ausdruck der Absicht. Ob es einen natürlichen Ausdruck einer Absicht gibt (Wittgenstein PU 647) wird kritisch befragt. Auch die Absichten anderer kommen in den Blick – in Neuübersetzung und weiterer Diskussion dauert die Auseinandersetzung mit Anscombes Werk (etwa J. Kertscher 2023) an.

Norman Malcolm

1938, Moral Sciences Club, Cambridge – hier begegnete Norman Malcolm im Herbsttrimester Wittgenstein und der erste Eindruck von ihm war, dass dieser Schwierigkeiten hatte, sich auszudrücken, während er aufmerksam von den Anwesenden beobachtet wurde. Gebieterisch empfand Malcolm ihn, wie er in seinen *Erinnerungen an Wittgenstein* beschreibt; eine neue Methode bringend und in seinen Vorlesungen, etwa zu mathematischen Themen, erprobend. Malcolm (1911–1990) war aus Amerika gekommen, er hatte in Harvard studiert und blieb einer von Wittgensteins engsten Freunden. Beider Unterhaltung berührte viele Themen: Freud, G.E. Moores Common-Sense-Philosophie, dass Wittgenstein im Ersten Weltkrieg eine Zeitung sah, in der ein Autounfall in Paris mit einer Zeichnung dargestellt wurde, was ihm den Gedanken eingab, dass diese ein Satz sei und Sätze Wirklichkeit abbilden, was in der Abbildtheorie der Bedeutung des *Tractatus* ausgeführt ist etc. Malcolm betonte, in Wittgenstein sei Religion als Möglichkeit angelegt gewesen, jenseits der Ausübung eines konkreten Glaubens (damals kannte er die diaristischen, religiös existentiellen Aufzeichnungen Wittgensteins noch nicht), der Philosoph hatte von Tolstoi und Kierkegaard erzählt, und den Autor der *Abschließenden unwissenschaftlichen Nachschrift* als wahrhaft frommen Menschen bezeichnet. Es geht immer um diese Wahrheit, Wahrhaftigkeit eines Ausdrucks, die Unverstelltheit einer Reaktion. Er besuchte Malcolm in Amerika, schwächer werdend, als er wieder in England war, wurde Krebs diagnostiziert. Der Amerikaner forschte später zu von Wittgenstein in den *Untersuchungen* angesprochenen Themen, etwa in dem Buch *Dreaming* (1959), wo schon von Descartes im Traumargument der *Meditationen* (1641) behandelte Fragen variiert und auf Wissen, Kriterium, Schmerzen, Schmerzbenehmen etc. bezogen werden.

Rush Rhees

Auch Rush Rhees (1905–1989) war in Amerika geboren und Doktorand bei G.E. Moore in Cambridge, als er auf Wittgenstein traf. Er hörte nicht lange bei Wittgenstein, lehrte nach Unterbrechung in der praktischen Welt ab 1940 in Swansea (Wales). Rhees hebt hervor, dass Wittgenstein oft gewünscht habe, ein anderer Mensch werden zu können. Die gefährlichen Situationen im Ersten Weltkrieg waren potentielle Wandlungspunkte (ohne damit ein oberflächliches Konzept der Läuterung nahezulegen). Wie Proust einmal schrieb „Impossible venir, mensonge suit" (Kommen unmöglich, Lüge folgt), ist mit ihr immer zu rechnen und „wenn einer nicht lügt, ist er originell genug", es sei „ein Anfang guter Originalität, nicht sein zu wollen, was man nicht ist." (Ms-134) Es ist indes kein Gegensatz, sich zu wünschen, ein Anderer zu sein und es nicht wünschen zu sollen, sondern, so Rhees, die Mahnung, auf Selbsttäuschung zu verzichten (diese finden wir in anderer Tönung schon bei Kant, wo sich selbst zu belügen mit dem „Hang des Bösen in der menschlichen Natur" zu tun hat). Nach dem Krieg sei Wittgenstein, so sagten seine Freunde, „ein ganz anderer geworden" (Rhees), worin eine Wahrheit liegt, die jenseits der Täuschung steht, die vom Einwirken der Zeitläufte spricht und davon, mit sich in ein neues Verhältnis zu treten, was man wie einen Ausbruch ersehnt hatte. Rhees war Testamentsvollstrecker Wittgensteins, gemeinsam mit G.E.M Anscombe und G.H. von Wright, wie Wittgenstein in seinem Testament verfügt hatte. Die Herausgaben von Wittgensteins Schriften aus dem Nachlass bis Anfang der 1990er Jahre gelten als „erste Runde" (von Wright).

Ben Richards

„Dämonen haben dieses Band gewoben und halten es in den Händen." (25.10.1946) Wittgenstein lernte Ben Richards im Herbst 1945 kennen. Seine letzten Lebensjahre liebte er ihn und fürchtete, dass das Band der Dämonen gelöst werden würde. Richards, 1924 in eine Ärztefamilie geboren, studierte Naturwissenschaften (King's College) und arbeitete später als Arzt, erst bei der *Royal Navy*, später in Hertfordshire. „B. hat zu mir eine Vor-Liebe. Etwas, was nicht halten kann. Wie diese verwelken wird, weiß ich natürlich nicht." (27.11.1946) In Irland wartet er auf Ben Richards' Briefe; ein Zustand des Hoffens, der Freude, der Angst. Die Nahrung der Schrift des Anderen. Im Gegensatz zur "cold, inhuman atmosphere" des akademischen Cambridge, die er immer mehr floh, legte Wittgenstein seinen Briefen Blumen bei. Über unendlich vieles möchte er mit Richards sprechen, an den er die ganze Zeit denkt. In Irland wird er von ihm und Drury an Weihnachten 1947 besucht. Er schreibt oft, dass Gott den Freund segnen und mit ihm sein möge. Geist, Seele, gemeinsam mit Plänen, Treffen, dem Sprechen über Musik (Bruckner, 8. Symphonie), Gänge am Ufer mit Blick auf das Meer. Eine Milde gegen den Freund in den Briefen, die den Zeitraum 1946-1951 umfassen. Gedanken, die sich fast im Kreis bewegen (er legt eine Zeichnung bei, um dies anschaulich zu machen). Das Glück dieser Jahre als Ausklang eines Lebens; als Wittgenstein in der Todesstunde bekannte, ein wunderbares Leben gehabt zu haben, wusste er, dass dies, neben anderen, die an ihm Anteil nahmen, Ben Richards erreichen würde.

Georg Henrik von Wright

Wenn es um Erinnerungen an Wittgenstein geht, hebt von Wright die Malcolms und Fania Pascals hervor. Er hatte nicht den Wunsch, an einer impressionistisch-anekdotenhaften Wiedergabe von Gesprächen teilzunehmen, gibt aber in der bekannten biographischen Skizze (*Ludwig Wittgenstein: A Biographical Sketch*) von 1954 (auf Englisch 1955), an der er kurz nach Wittgensteins Tod zu schreiben begann, eine klare, konzise Darstellung. Er betont schon zu Beginn, dass Wittgenstein der Ansicht war, seine Ideen seien gewöhnlich missverstanden worden, auch von denen, die sich als Teil einer Schülerschaft sahen. Wittgensteins ganzem Charakter wie dem seiner Philosophie mussten Anhänger im üblichen Sinne homosozialer Kooptation an Hochschulen unerträglich sein. Dass er den Eindruck hatte, für Menschen einer anderen Kultur als der eigenen zu schreiben, ist folgerichtig. Er hob sich absichtslos von der Umgebung ab. Als Charakteristik Wittgensteins nennt von Wright seinen „bedeutenden, reinen Ernst und seine gewaltige Intelligenz." Dass er Gegensätze in sich vereinte, machte ihn einmal mehr zu einem Zeitgenossen, der in seiner Zeit an eine andere Zeit denken ließ. Solche, die nur von ihm gelernt hätten, „und Sprache" an ihre Sujets anzufügen, wollte er nicht. Aus finnisch-schwedischer Familie, in Helsinki geboren (1916–2003), studierte von Wright zunächst dort bei Eino Kaila, der dem Wiener Kreis nahestand und ihn prägte (Logik, Logischer Empirismus), was seine späteren Publikationen auszeichnen sollte, besonders im Bereich deontischer Logik, Problemen der Induktion und der Kontroverse um Erklären und Verstehen (*Explanation and Understanding,* 1971). Er wurde Nachfolger Wittgensteins auf dessen Cambridger Lehrstuhl, nach dessen Tod gab er dies auf und wirkte in Helsinki, später auch in Cornell, der Universität, wo von 1947-1958 auch Norman Malcolm lehrte.

Conversations (Bouwsma)

O. K. Bouwsma, geboren 1898 in Michigan, hatte Norman Malcolm zu G.E. Moore nach Cambridge gehen lassen, um dort zu studieren. Er schickte öfter Personen von der Universität Nebraska, wo er lehrte, zu Moore, etwa auch Morris Lazerowitz. Nachdem Bouwsma zuerst ein Anhänger Hegels gewesen war, wandte er sich Moores Widerlegung des Idealismus zu. Als Wittgenstein Malcolm im Sommer 1949 in Amerika (Cornell University) besuchte, traf er auf Bouwsma, der während des Besuchs ebenfalls dort anwesend war und unterrichtete. Gegenseitige Anerkennung und Ernsthaftigkeit habe Wittgensteins und Bouwsmas Verbindung getragen. Sie gingen spazieren, fuhren aufs Land, waren mit Malcolm zusammen oder Teil größerer Gruppen. Später hielt Bouwsma "as a mark of distinction" die *John Locke Lectures* in Oxford – und sah in dieser Zeit 1950-51, kurz vor Wittgensteins Tod, diesen regelmäßig. Er sah ihn "as the height of perspecuity" (sic!), jemanden, der Dinge für andere erhellen konnte, nah an einem Propheten. Wir müssen nichts Messianisches annehmen, die Unterhaltungen waren nicht auf eine Ankunft, sondern ein Verstehen aus, obwohl Bouwsma Wittgensteins Urteil fürchtete. Dieser stand allein, "unattached, standing like a tower". Die Integrierten suchen nach Anschluss. Er bekennt, dass Wittgenstein ihn des Komforts seiner Mittelmäßigkeit beraubte. Gesprochen wurde – entlang der Moore-Referenz – über die Bedeutung des Wortes „gut" (eine ganze Haltung müsse sich ändern, betonten sie in den Diskussionen, meist werde nach Definitionen nicht gefragt, man könne Gebrauchsformen des Wortes beschreiben. Das Wort „gut" gehöre zum gleichen komplexen Spiel wie „Gewissen", „Schuld" etc.). Wittgenstein erzählt: Fénelon schrieb in einem Brief an die Französische Akademie, sie sollten doch andere, weniger strenge Grundsätze haben: "Admit other words if only they are sweet." Diskussion: Wie könnte "sweetness" beurteilt werden – wann würde sie vorliegen? Dann religiöse Fragen: "I never object to a man's religious beliefs." Verehrungswerk. „Not lehrt uns Beten." In Oxford: Schwäne, die sich vorbereiteten zum Flug.

Erinnerungen (Theodore Redpath)

Sie erinnerten sich an Wittgenstein, viele, und schufen eine Persona. Den Eindruck eines Menschen, hinter dem er sich verbarg. Das Cambridger Universitätssystem mit seinen kleineren Einheiten, den Tutorien, den persönlicheren Räumen abseits vom Massenhörsaal stiftete in wiederholten Interaktionen freundschaftliche Nähe. Studium war selbstverständliche Lebensform, konnte es sein. Als Wittgensteins 100-jähriger Geburtstag sich näherte, wurde ein Film der BBC gedreht, an dem Theodore Redpath teilnahm. Erinnerungsarbeit, dann auch in Schriftform. Er begegnete dem Namen Wittgenstein in dem Buch *English Prose Style* von Herbert Read (1928), das er im Alter von 16 Jahren las. Nun war er auf der Fährte des Inhalts der *Tractatus*-Sätze, die dort zu ihm gesprochen hatten – TLP 7 etwa, "in its oracular grandeur". Redpath war Fellow des Trinity College 1950-97; Assistant Lecturer für Englisch 1954-80. Wittgensteins Vorlesungen besuchte er erst relativ spät, als er beschloss, die *Moral Sciences Tripos* zu absolvieren, was er später in die Zulassung als Forschungsstudent wandelte. Wie ein General, "imperious", der erste Eindruck von Wittgenstein in Whewell's Court. Das Fernbleiben der nicht wirklich Interessierten – „Touristen" wurden nicht geduldet. Denkprozesse: "Help me, someone! Damn my bloody soul!" Bemerkungen: Geschichte der Philosophie (Redpath arbeitete zu Leibniz), sei nicht "philosophy itself", wie Wittgenstein ihm sagte. Ein Defizit an Gegenwärtigkeit wurde erkannt, Flucht in Historisierung als Mangel. Aber auch: Das Aushalten des Präsentischen, der Frage, die sich hier und jetzt stellt (dazu muss man sie hören). Kann die therapeutische Methode der Philosophie auf Vergangenes angewendet werden? Oder gibt es diese Nachträglichkeit nicht, die die Verbundenheit mit dem früheren Phänomen von einer durchgehenden Zeiterfahrung fälschlich absetzt? Als Redpath Wittgenstein und Francis Skinner besucht, denkt er an Shakespeares Sonette: *The poet and the young man*. Gärten, Spaziergänge, Brahmsklänge aus dem Fenster eines Musikzimmers.

Erinnerungen (Fania Pascal)

Bei Fania Pascal hatte Wittgenstein Mitte der dreißiger Jahre mit Francis Skinner Russischstunden genommen; das Land weckte seine Aufmerksamkeit als möglicher Lebensort, getragen von dem, was Tolstois und Dostojewskis Werke für ihn verkörperten. Eine Ursprünglichkeit, eine Existentialität und Intensität, eine Selbstbefragung. Als er dorthin reiste, wurde ihm ein Lehrstuhl für Philosophie angeboten. Ihre Erinnerungen schrieb sie langsam, seinen Blick imaginierend, oft unterbrechend, aber zum Geschriebenen zurückkehrend. Wittgenstein wurde von ihr wahrgenommen als jemand, über den es viele Geschichten gab, immer muss etwas im Umlauf sein, das Reden-Über als Sozialtechnik. Eine Figur vergangener Zeit, „ein altmodischer Konservativer der untergegangenen Doppelmonarchie und erstaunlich unbefangen." Pascal gibt auch eine Außensicht, wiederholt, was sich an Zuschreibungen verfestigt hat. Ihre pointierte Darstellung, in der sie „eine sämtliche Sinne affizierende Feinfühligkeit" feststellt, die Wittgenstein das Leben schwergemacht habe, konstatiert ein starkes Temperament, *intolerable, intolerable* als typische Redensart. Einmal widerspricht sie, als es um „den" Marxismus geht – wütend, Wittgensteins Ansichten seien antiquiert. Sie fasst seine verblüffte Reaktion ironisch: „Ist es möglich, daß sie weiß, worüber sie redet", habe er wohl gedacht, sie geht dem nicht nach. Auf Russisch konnte sie ihm mehr und anderes sagen, das sonst seinen Zorn erregt hätte, da die Sprache weniger Klischees aufwies. „Kein Mensch ist schwerer zu fassen als er", sie ist eine der Wenigen, die sich dessen bewusst ist. Ihre Erinnerungen haben etwas Eigenes, sie beansprucht nicht, eine Freundschaft zu schildern, will keine Nähe ausstellen. Dass „Beschwichtigen und Verdrängen mit vielen Dingen zusammenhängen", die sie über Wittgenstein gehört hat, ist nicht ausgedeutet. Pascal hört sein Geständnis, wie G.E. Moore: über seine jüdische Abstammung, über etwas, das zu seiner Volksschullehrerzeit vorfiel. „Untaten" in Anführungszeichen, in fälschlicher Gleichsetzung.

Wittgenstein: Kein Idol

Wittgenstein wünschte nicht, Schüler zu bilden, angepasste Anhänger oder „Wittgensteinianer". Das hätte nicht zur Ernsthaftigkeit und Tiefe, auch: Kompromisslosigkeit seiner Gedanken gepasst. Das Genialische, das das Talent verdeckt, liebt nicht die Mittelmäßigkeit, die sich an die Gedanken eines anderen klammert, da sie selbst nichts hat. So gibt Wittgenstein denen, die ihn bewundern, die Aufgabe, selbst etwas zu sein. Wittgensteins Werk, richtig gelesen, ist nicht eine Sammlung von Aphorismen für Festreden oder ein Steinbruch für Zitate. Gleichzeitig muss man keine Systematik hineinpressen; es ist die Bewandtnis des Ethischen ohne Ethik, die als Grundbass immer da ist, nie weicht, die eine durchgehende Linie von Früh- zu Spätwerk bildet, ein Achten auf den Menschen, sein Leiden, seine Angefochtenheit durch die Dinge des Lebens, das, was Schopenhauer das „metaphysische Bedürfnis" nannte. Auch die Spätphilosophie der *Philosophischen Untersuchungen* ist mehr als eine Pragmatik der Sprachspiele, Lebensformen und Familienähnlichkeiten. Wittgenstein hat den Menschen neu gesehen, mit und in der Sprache lebend, dies nicht immer wissend. Klarheit und Mystik, Ingenieurshaftes und höchste Sensibilität sind in eins geblendet. Der Denker, für den philosophische Probleme kein fröhliches Rätselspiel und Zeitvertreib sind, ringt an seinen Grenzen und zeigt durch seine Tätigkeit, dass ihm nicht blind zu folgen ist.

Die Beschränktheit macht nichts, solange man nur weiß, dass man einen engen Horizont hat.

Von Wittgenstein lernen

Von Wittgenstein lernen ist der Titel eines 1992 erschienenen Sammelbandes (Hg. von Wilhelm Vossenkuhl). Was können wir von Wittgenstein lernen? Weit mehr als das, was er in seinen Werken sagte. Er stellte in seiner charakterlichen und milieuhaften Prägung einen Kulturtypus dar, rar und nur unter bestimmten Bedingungen gedeihend. Einer Zeit zugehörend, die vergangen ist, war Wittgenstein zu seinen Lebzeiten gegenwartsskeptisch. Die Vornehmheit seiner Familie schützte ihn vor gedanklichem Ressentiment, ermöglichte einen nuancierten Reichtum des Fühlens, der Sehnsucht, Wahnsinn, Mut und Lebensfülle, aber auch Kühle kannte und dies nicht abweisen musste. Weltkenntnis – das Erfahrene als Teil der Arbeit des Philosophen als Arbeit „an einem selbst"; aber auch Reinheit, tiefe Ehrlichkeit, Ernsthaftigkeit und der Versuch, auf Selbstbetrug zu verzichten – hier scheint das kantische Motiv auf, dass es besonders schlecht sei, sich selbst zu belügen, nicht nur die anderen. Ehrlichkeit: Harschheit und rasches Urteil, keine Unbarmherzigkeit, aber unbedingte Wahrheitsverpflichtung, die Seele grundierend. Was man unbequem nennt, sind die, die an das eigene unterdrückte Wissen, die aufgeschobenen Einsichten erinnern.

Das Erkennen des Menschen

Manche sagen, Wittgensteins Biographie sei so „faszinierend", man vergesse darüber das Werk. Hier liegt jedoch ein Missverständnis vor: Man muss sich in einer rezipierenden Haltung nicht entscheiden zwischen biographischer und philosophischer Lektüre; beides hängt zusammen, aber nicht auf die erwartbare Weise. Es geht nicht um ein Staunen über Wittgensteins bevorzugten Hintergrund zum Zeitpunkt seiner Geburt oder die Buntheit seines Lebens, die ihm ermögliche, in wechselnden Umgebungen seine Fakultäten ganz auszubilden, zu arbeiten, zu werden, wer er ist.

Philosophierend kann man dieses vielschichtige Leben als Übung in Weltkenntnis und jenseits von dieser haben; das philosophische Werk ist kein Antagonist des sogenannten tatsächlichen Lebens, sondern bei Wittgenstein Ausdruck *einer* geistigen und seelischen Verfassung. Das Ungeschiedene dieser weltauffassenden Geste hindert nicht philosophische „Positionen". Sie ist reich, erkenntnisträchtig, ganz im Sinne seiner Bemerkung, dass die Philosophie eines Menschen Temperamentssache sei – mit einem bestimmten Temperament bevorzuge man manche Gleichnisse vor anderen. Gegensätze beruhten darauf, mehr als es auf den ersten Blick den Anschein habe. Das Temperament durchdringt Weltauffassung und Schreibweise, Möglichkeiten der Denkbewegung und kann auch ihre Grenzen bezeigen. Gleichwohl produziert der dem Temperament folgende Philosophierende nicht nur das Erwartbare. „Laß uns menschlich sein" ist ein Ausspruch, der dem Nebenmenschen einen Platz einräumt, noch vor aller ausgesprochenen Ethik, und auch dies ist mit Widersprüchen behaftet, denn manchmal, so Wittgenstein im Jahr 1914, könne er nicht den *Menschen* im Menschen erkennen. *Discerning humanity* als bleibende Aufgabe, in und mit der Sprache. Dass wir „im Kampf mit der Sprache" stehen (Wittgenstein 1931), heißt nicht, dass dies ein Erkennen des Anderen hindern müsste. Die Sprache, selbst kein Subjekt, hat uns einmal herausgefordert, ihre Abwege und unsere Missdeutungen gehen Hand in Hand. B.R. Tilghman sieht im *Tractatus* mit dem möglichen Erkennen des Menschlichen im Anderen eine ethische Absicht verbunden, die noch nicht ausreichend erkannt und diskutiert worden sei.

Die Metaphysik der Erfahrung

Den Menschen im Menschen nicht zu erkennen, ist Erfahrungstatsache und Erfahrungssättigung. Wir stehen im Kreuzungsfeld der Aspekte des Selbstbewusstseins, der Erkenntnis des Bewusstseins anderer und der Erkenntnis von Gegenständen. Manchmal leitet uns jene Neugier, *curiositas* oder *concupiscentia oculorum* (ein vom Kirchenvater Augustinus noch gerügtes lusthaftes Schwelgen in den Erscheinungen der Welt), die säkular-modern heute kaum mehr befragter Standard ist, nach der Abkehr von den ältesten, meist religiös getönten Bildern. Mit Kant kam die Frage der *Metaphysik der Erfahrung* auf: Peter Hacker bezieht sie in seiner Studie *Insight and Illusion. Wittgenstein on Philosophy and the Metaphysics of Experience* (1972) auf Wittgensteins Theorieentwicklung vom *Tractatus* zu den *Philosophischen Untersuchungen*, zu jenem Konventionalismus, der in der Übereinkunft der Gemeinschaft im Blick auf die regelhafte Gestaltung des Umgangs mit dem Sprachmittel das konstitutive Element der Möglichkeit von Erfahrungserkenntnis sieht. So sei im *Tractatus* der „Schwanengesang der Metaphysik" (Hacker) angestimmt; die letzte „Manifestation dieser natürlichen Neigung". Auch bei Kant ging es darum, „die Täuschungen der Vernunft herauszustellen, indem wir uns an ihre Grenzen erinnern". Grenzerkenntnis, wieder, im *Tractatus* münden in das Schweigegebot, in den *Untersuchungen* in die pragmatische, weltbildrelative Verknüpfung der Sprachspiele und Lebensformen. Sah man die transzendentale Bewandtnis der Spätphilosophie etwa in PU 90, zeigt sich hier zu einem relativ frühen Zeitpunkt der Diskussion der Wunsch, Wittgensteins Werk an eine Tradition rückzubinden. Als Beglaubigung benötigte Wittgenstein sie nicht, da die erneuernde Kraft der Sprachanalyse sich an jenem unhintergehbaren „lebendigen Laut" (so ein Sprachkritiker früherer Zeit) orientierte, der schon immer die menschlichen Interaktionen getragen hatte.

Kommentare: Stellen im Kontext

Philosophien werden, wie Adorno in seinen Vorlesungen über Kant 1959 betonte, auf Formeln gebracht, die dazu tendieren, „die Werke zu verdinglichen, zu verhärten und eine genuine Beziehung zu ihnen eigentlich zu erschweren." Oftmals lässt sich ein auf diese Weise reduziertes Werk vom Schatten dieser Darstellung kaum mehr trennen. Eine Möglichkeit, den Absehbarkeiten und Ondits der Überlieferung zu entkommen, ist genaue Lektüre. Lesen heißt dann nicht nur: aufnehmen, annehmen, anverwandeln, sondern prüfen, rückbeziehen auf Gewusstes und Erfahrenes, auch auf das, was geahnt und für möglich gehalten wird. Die *Philosophischen Untersuchungen* haben einen wichtigen Kommentar von Eike von Savigny erfahren. Er ist geschrieben „für Leser", d.h. für ein tatsächliches Danebenlegen, während Wittgensteins Bemerkungen in ihren thematischen Bündelungen betrachtet werden. So werden die einzelnen Abschnitte als Stellen im Kontext deutlich, der in Wittgensteins Spätwerk auch als theoretische Annahme (Kontextprinzip, Sprechen in einer *Umgebung* als entscheidend für Bedeutungsbildung) konstitutiv ist. Damit ein Text „Schwierigkeiten macht" (v. Savigny), muss man an den Punkt kommen, dies zu fühlen. Dies ist der Einsatzpunkt des Kommentars, der, erinnernd an eine juristische Erläuterung, die eine Auslegung ermöglicht, seine Anwendung selbst nicht mitteilt. Jenseits einer „Blütenlese von Aphorismen" ist ein Zusammenhang zu achten. Mit dieser Prämisse ist der Kommentar zu lesen. Wer die verschiedenen Stimmen der *Untersuchungen* nicht selbst auseinanderhält (vgl. das „Wer-spricht-Problem"), dem werden Hilfen gegeben zu Angriffszielen, Implikationen, Konnotationen und Bezügen der einzelnen Sätze innerhalb des Kontexts. An welche Stelle der Argumentation gehört jeder Abschnitt des Werkes (Teil I)? Die textimmanente Interpretation ist eine Möglichkeit, Schwierigkeiten zu bedenken, die sich in konkreter Textarbeit ergeben und der Reduktion eines Werks zu Schlagwörtern zu begegnen. (Die Wahl einer Methode ist auch hier: Hinweis auf ein philosophisches Temperament.)

Jährliche Symposien: Kirchberg

Treffen von Forschenden in Niederösterreich, der Gegend, in der Wittgenstein in den 1920er Jahren Volksschullehrer war, finden seit 1976 in Kirchberg am Wechsel statt, damals noch unter dem Titel *Wittgenstein-Tage* und von kleinerem Zuschnitt. Der Erfolg ließ die Veranstaltung stetig wachsen, so dass heute viele Teilnehmende außerhalb des kleinen Ortes untergebracht werden. Es geht um Diskussionen gegenwärtiger Probleme der Wittgenstein-Forschung, mit Bezug auf analytische Philosophie, *philosophy of science*, aber auch angrenzende Gebiete nicht zuletzt kontinentaler philosophischer Orientierung, wobei die (scheinbare) Entgegensetzung analytisch-kontinental selbst schon Thema eines Symposiums war. Idealiter diskutiert man über Statusgrenzen hinweg (keine *church of Wittgenstein*), in schöner Landschaft. Die üblichen Kommunikationsformen bestehen auch hier, gehen nicht in der Idylle auf. Elisabeth und Werner Leinfellner sind als Ko-Gründer bis heute in einem entsprechenden Preis gegenwärtig, den die Österreichische Ludwig Wittgenstein Gesellschaft für die besten Vorträge des Symposiums verleiht. Eingeladene Vorträge werden in einer späteren Konferenzpublikation veröffentlicht, selbst eingereichte meist in den *Beiträgen*. Die Verbindung von *thought and leisure*, wie man sagen könnte, ist eine Institution geworden; Zugänge, Verbindungen und vielleicht jene Möglichkeit, sich in den Kategorien auszukennen, ohne die man sich selbst „nicht beurteilen" könne, wie Wittgenstein (Ms-176) kurz vor seinem Tod im Blick auf Frege und Freud schrieb.

Glossar

Abbildtheorie der Bedeutung
Diese Theorie findet sich in Wittgensteins *Tractatus logico-philosophicus*, es gab auch schon Abbildtheorien im antiken Griechenland. Ein Satz ist ein Bild der Wirklichkeit, der Aufbau der Sprache gibt den der abgebildeten Tatsachen wieder. „Wir machen uns Bilder der Tatsachen" (TLP 2.1).

Analytische Philosophie
Der Klarheit und Verständlichkeit der Argumentation verpflichtete Richtung des Philosophierens, durch Überlegungen von Frege und Russell zur Logik sowie den Wiener Kreis geprägt; kritische Sprachanalyse, in angelsächsischer Philosophie vorherrschend. Gegensatz ist die Kontinentalphilosophie, die u.a. phänomenologische, hermeneutische, existentialistische, dekonstruktivistische Bezüge berücksichtigt.

Aspektsehen
Am Beispiel von Kippfiguren zeigt Wittgenstein in PU „II" xi, dass die Wahrnehmung von etwas umschlagen kann und dies dem Erleben der Bedeutung eines Wortes ähnelt. Ein neuer Aspekt kann plötzlich aufleuchten, manchmal sind wir auch aspektblind (bedeutungsblind) und können z.B. den Hasen im Hase-Entenkopf nicht erkennen.

Bemerkungen
Wittgensteins Spätphilosophie ist geprägt durch *remarks*, Bemerkungen im Gegensatz zu systematischer Rekonstruktion eines Theoriegebäudes. Diese offenere Form entspricht inhaltlich der Betonung des tatsächlichen Gebrauchs der Sprache im Gegensatz zur strengen Gliederung des *Tractatus* nach Dezimalzahlen.

Ethik
Wittgensteins Werk enthält keine Ethik im traditionellen Sinne; der *Vortrag über Ethik* richtete sich nicht an ein Fachpublikum und orientiert die Überlegungen zu ethischen Fragen eng an einer Vorstellung von Ethik, die absolute Werturteile fällt (wie „x ist gut"). Faktenaussagen können nur relative Werturteile hervorbringen (wie „x spielt gut Tennis"). Wir sind wir auf Fakten verwiesen, auch wenn unser Bedürfnis stark ist, über diese hinauszugehen.

Familienähnlichkeiten
Wenn wir Begriffe betrachten, geht es nicht nur um gemeinsame Merkmale, sondern, wie Wittgenstein in den *Philosophischen Untersuchungen* vorschlägt, um „Familienähnlichkeiten". Ausdrücke haben manches gemeinsam, anderes nicht, wie Familienmitglieder zueinander manche Ähnlichkeiten aufweisen, in anderem aber unähnlich sind. Der Ausdruck markiert den Abschied von der zu engen Vorstellung, Begriffe seien eindeutig und trennscharf voneinander unterscheidbar, da Sprache reicher ist und es Übergänge, Überlappungen, unscharfe Ränder von Wörtern gibt und dies unseren alltäglichen Sprachgebrauch prägt.

Freiheitsgrad
Wittgenstein sagte 1930: „Die Grammatik gibt der Sprache den nötigen Freiheitsgrad." Die Freiheitsförmigkeit der Grammatik eröffnet die Möglichkeit zu Kombination und Rekombination von Zeichen, was emanzipatorisch und verändernd auf gegebene Verwendungskontexte wirken kann.

Früh- und Spätphilosophie
Wittgensteins Frühphilosophie im *Tractatus logico-philosophicus* wurde in der Spätphilosophie der *Philosophischen Untersuchungen* von ihm selbst kritisiert. Zu Beginn der Rezeption seiner Philosophie sprach man scharf abgegrenzt von „Wittgenstein I" und „Wittgenstein II"; mittlerweile wird mehr differenziert und u.a. die Frage nach der Kontinuität seines Werkes gestellt oder eine Zeitspanne in der Mitte (*middle period*) der Werkentwicklung angenommen.

Gebrauchstheorie der Bedeutung
Diese Theorie wird Wittgensteins Spätphilosophie der *Philosophischen Untersuchungen* zugeschrieben. In PU 43 heißt es: „Die Bedeutung eines Wortes ist sein Gebrauch in der Sprache." In der Forschung wird kritisch diskutiert, ob man von einer Gebrauchstheorie mit Bezug auf diesen Abschnitt sprechen kann, da es hier heißt, man könne „für eine *große* Klasse von Fällen", in denen das Wort „Bedeutung" benutzt werde, obigen Satz verwenden, nicht jedoch für alle, eine allgemeine Aussage in programmatischer Absicht sei daher nicht zu gewinnen.

Gewissheit
In *Über Gewißheit*, aus Bemerkungen aus dem Nachlass nach Wittgensteins Tod veröffentlicht, wird in Auseinandersetzung mit der Common-Sense-Philosophie G.E. Moores gezeigt, dass von Wissen zu sprechen nur Sinn hat, wenn ein Zweifel möglich ist.

Grammatik
Schlüsselkategorie von Wittgensteins Werk. In PU 664 werden etwa Oberflächen- und Tiefengrammatik unterschieden. Erstere entspricht nach Korrektheitsstandards dem, was wir in der Schule lernen (syntaktische Richtigkeit); Tiefengrammatik dagegen bezeichnet die Verwendungsweise eines Wortes im weiten Sinne.

Isomorphie
Die Abbildtheorie des *Tractatus* ist gedacht als Isomorphie von Sprache und Welt, die strukturell parallel sind. Von der Vorstellung logisch isomorpher Gegebenheit von Gegenständen und Sprache wendet sich Wittgenstein später ab.

Kontextprinzip
Auf die Annahme Freges zurückgehend, dass Wörter nur im Satzzusammenhang bedeutungsvoll sind; die Entstehung sprachlicher Bedeutung geschieht, wie Wittgenstein in seiner Spätphilosophie betont, in kontextueller Rahmung.

Lebensformen
Sich eine Sprache vorstellen heißt, sich eine Lebensform vorstellen (PU 19), in die diese Sprache eingebettet ist. Unterschiedliche Lebensformen kennen unterschiedliche Sprechweisen, die Gemeinschaft begründen. Lebensformen sind auch das Hinzunehmende, Gegebene, was zur Betonung der aktiven Handlungsverbundeheit des Praxisaspekts hinzuzudenken ist.

Linguistic Turn
Von Gustav Bergmann geprägter und von Richard Rorty in *The Linguistic Turn* (ed. 1967) populär gemachter Begriff, der die Wendung zur Sprache beschreibt, die mit Hilfe der sprachkritischen Methode frühere Formen des Philosophierens und ihre traditionellen Problemkonstellationen in ein neues Licht setzte.

Mystik
Hingabe, Selbstversenkung, das Sich-Schließen von Lippen und Augen, Rückzug aus den üblichen Kommunikationsformen, Schweigen. Tiefe Erfahrung von Gnade und Einheit (*unio mystica*). Im *Tractatus* stellen die mystischen Passagen jene vor Rätsel, die das Werk allein auf nüchterne Inhaltswerte hin lesen wollen.

Philosophie der idealen Sprache
Die *ideal language philosophy* zielte auf eine Reinigung der Umgangssprache, eine purifizierte Idealsprache ab. Jedes Wort sollte exakten Regeln folgen, die endgültig festliegen sollten. (Vertreter u.a. Rudolf Carnap und der frühe Wittgenstein.)

Philosophie der normalen Sprache
Die *ordinary language philosophy* (Hauptvertreter: Gilbert Ryle, John L. Austin, der späte Wittgenstein) betrachtet im Gegensatz zur idealprachlichen Orientierung die tatsächlichen Verwendungsweisen der Sprache in einer Sprachgemeinschaft.

Praxis
Wittgensteins *Philosophische Untersuchungen* sind als Philosophie der Praxis zu lesen, die nichts hinter oder über dem Leben sucht, sondern tätig und handlungsbezogen Probleme aufzulösen trachtet.

Privatsprachenargument
Eine Sprache, die sich auf das bezieht, wovon nur der Sprechende wissen kann, ist unmöglich. Es kann keine Privatsprache geben, wie Wittgenstein in den *Philosophischen Untersuchungen* ausführt, da sprachliche Äußerungen stets an einen etablierten Gebrauch anschließen müssen.

Regeln
Im Sprachspiel wird deutlich, dass Sprache ein Spiel nach Regeln ist, die unterschiedlich ausfallen, wie Ballspiele oder Schach unterschiedliche Regeln haben. Auch haben Regeln unterschiedliche Funktionen. Regeln sind fehleranfällig wie Wegweiser – man muss wissen, was man mit ihnen tut, im Einklang mit den in einer Sprachgemeinschaft etablierten Kontexten.

Schweigen
Ein Hauptmotiv des *Tractatus*, der in das Schweigegebot des letzten Satzes mündet. Schweigen begrenzt das Ethische von innen her. Wenn Sprechen nicht mehr möglich ist, gibt es das, was sich zeigt (Sagen-Zeigen-Unterscheidung).

Solipsismus
Annahme, dass nichts außerhalb von mir existiert, wobei metaphysischer und epistemologischer Solipsismus unterschieden werden. Im *Tractatus* heißt es, dass ich meine Welt bin (5.63) und die Grenzen meiner Sprache die Grenzen meiner Welt bedeuten (5.6).

Sprachkritik
Methode, philosophische Probleme auf die missbräuchliche Verwendung von Wörtern zurückzuführen, z.B. des Wortes „Erscheinung" in der Erkenntnistheorie. Vorstellung, dass der Anteil der Sprache an philosophischen Problemstellungen für diese zentral und zu bedenken ist.

Sprachspiel
Sprachspiele sind in Wittgensteins Spätphilosophie exemplarische Sprechsituationen von positiver Primitivität; einer Einfachheit (wie in den Beispielen der *Philosophischen Untersuchungen* der Bauenden oder dem Einkaufen von fünf roten Äpfeln), die hervortreten lässt, dass Sprache regelgeleitet ist und Teil einer Lebensform.

Tätigkeit
Dass Philosophie keine Lehre ist, sondern eine Tätigkeit, ist ein Grundbaustein von Wittgensteins Philosophie. Im konkreten Tun realisiert sich sprachliches Handeln, bloßes Reden in Thesen und angelernter Gelehrsamkeit bliebe blass und lebensfern.

Therapeutische Funktion der Philosophie
Der Philosoph behandelt eine Frage, wie eine Krankheit (PU 255). Philosophische Probleme mit einer Therapie zu versehen, statt sie zu bekämpfen, sieht den Menschen als trostbedürftig an, von Schwerem belastet, der dieser Behandlung bedarf, wenn philosophische Probleme ihn quälen.

Welt
Die Welt des *Tractatus* ist nicht die gewöhnliche Welt kausaler Beschreibungen, sondern eine logische Welt. Sie zerfällt in Tatsachen, die nicht solche der Erfahrung sind.

Wer-spricht-Problem
In den Abschnitten der *Philosophischen Untersuchungen* überkreuzen sich viele Stimmen, nicht immer ist für die Lesenden klar ersichtlich, mit welcher Stimme Wittgenstein spricht und mit welcher der Gesprächspartner.

Wie- und Was-Fragen
In der Antike stellte man, wie Aristoteles in der *Metaphysik* beschreibt, Was-Fragen, um sich über die Beschaffenheit der Welt klarzuwerden: Man fragte nach dem *to ti en einai*, dem *Was-es-heißt-dies-zu-sein* einer Sache. Die Frage nach dem Wesen von etwas, etwa Liebe, Freundschaft, dem idealen Staat etc. war die Grundfrage der Philosophie. In der Moderne, im engeren Sinne im 20. Jahrhundert, wurde hingegen nach dem Wie gefragt. Sprachkritische Philosophie lässt sich als Form dieses Wie-Fragens verstehen, danach, wie etwas gesagt wird, nicht nur danach, was gesagt wird.

Wiener Kreis
An empirischer Wissenschaft, wissenschaftlicher Weltauffassung, Exaktheitsideal und logischer Analyse der Sprache orientierte Gruppe von Natur- und Geisteswissenschaftlern in Wien um Moritz Schlick in den 1920er und 1930er Jahren. Bekämpfung der Metaphysik im Geiste des Logischen Empirismus. Gespräche mit Wittgenstein, der in der Folge des *Tractatus* als Gesprächspartner gesucht wurde, sich jedoch oft entzog. Aufzeichnungen von Gesprächen durch Friedrich Waismann.

Literaturverzeichnis

Primärliteratur

Wittgenstein, Ludwig, Werkausgabe, Frankfurt am Main 1984 (u.ö.):
Band 1: *Tractatus logico-philosophicus, Tagebücher 1914-1916, Philosophische Untersuchungen*
Band 2: *Philosophische Bemerkungen*
Band 3: *Wittgenstein und der Wiener Kreis. Gespräche*, aufgezeichnet von Friedrich Waismann
Band 4: *Philosophische Grammatik*
Band 5: *Das Blaue Buch, Eine philosophische Betrachtung* (Das Braune Buch)
Band 6: *Bemerkungen über die Grundlagen der Mathematik*
Band 7: *Bemerkungen über die Philosophie der Psychologie, Letzte Schriften über die Philosophie der Psychologie*
Band 8: *Über Gewißheit, Bemerkungen über die Farben, Zettel, Vermischte Bemerkungen*

Wittgenstein, Ludwig, *Letzte Schriften über die Philosophie der Psychologie (1949-1951), Das Innere und das Äußere*, hrsg. von G.H. von Wright und Heikki Nyman, Frankfurt am Main 1993.

Wittgenstein, Ludwig, *Logisch-philosophische Abhandlung / Tractatus logico-philosophicus*. Kritische Edition, hrsg. von Brian McGuinness und Joachim Schulte, Frankfurt am Main 1989.

Wittgenstein, Ludwig, *Philosophische Untersuchungen*. Kritisch-genetische Edition, hrsg. von Joachim Schulte, in Zusammenarbeit mit Heikki Nyman, Eike von Savigny und Georg Henrik von Wright, Frankfurt am Main 2001.

Wittgenstein, Ludwig, *Vortrag über Ethik und andere kleine Schriften,* hrsg. und übersetzt von Joachim Schulte, Frankfurt am Main 1989. (Darin: Vortrag über Ethik, Bemerkungen über logische Form, Bemerkungen über Frazers *Golden Bough*, Aufzeichnungen für Vorlesungen über „privates Erlebnis" und „Sinnesdaten", Ursache und Wirkung. Intuitives Erfassen.)

Wittgenstein, Ludwig, *Vermischte Bemerkungen. Eine Auswahl aus dem Nachlaß*, hrsg. von Georg Henrik von Wright unter Mitarbeit von Heikki Nyman, Frankfurt am Main 1994.

Nedo, Michael, *Wiener Ausgabe*, 1993ff.

Wittgenstein, Ludwig, *Denkbewegungen. Tagebücher 1930-1932, 1936-1937 (MS 183), Teil 1 und 2*, hrsg. von Ilse Somavilla, Innsbruck 1997.

Wittgenstein, Ludwig, *Licht und Schatten. Ein nächtliches (Traum-)Erlebnis und ein Brief-Fragment*, hrsg. von Ilse Somavilla, Innsbruck-Wien 2004.

Wittgenstein, Ludwig, *Geheime Tagebücher 1914-1916*, hrsg. von Wilhelm Baum, Wien 1992 (3. Auflage).

Wittgenstein, Ludwig, *Philosophical Occasions, 1912-1951*, edited by James Klagge and Alfred Nordmann, Indianapolis u.a. 2010 (3rd printing).

Wittgenstein, Ludwig, *Public and Private Occasions*, edited by James Klagge and Alfred Nordmann, Lanham, Md. u.a. 2003.

Wittgenstein Source (im Internet mit Suchfunktion)

Vorlesungen

Wittgenstein, Ludwig, *Vorlesungen 1930-1935, Cambridge 1930-1932.* Aus den Aufzeichnungen von John King und Desmond Lee, hrsg. von Desmond Lee; Cambridge 1932-1935. Aus den Aufzeichnungen von Alice Ambrose und Margaret Macdonald, hrsg. von Alice Ambrose. Übersetzt von Joachim Schulte, Frankfurt am Main 1984.

Wittgenstein, Ludwig, *Vorlesungen über die Philosophie der Psychologie 1946/47.* Aufzeichnungen von P.T. Geach, K.J. Shah und A.C. Jackson, hrsg. von P.T. Geach, Frankfurt am Main 1991.

Wittgenstein, Ludwig, *Vorlesungen und Gespräche über Ästhetik, Psychoanalyse und religiösen Glauben*, hrsg. aus Notizen von Yorick Smythies, Rush Rhees und James Taylor von Cyril Barrett, übersetzt von Ralf Funke, Düsseldorf und Bonn 1996 (2. Auflage).

Wittgenstein: Lectures, Cambridge 1930-1933, From the Notes of G.E. Moore, edited by David Stern, Brian Rogers, and Gabriel Citron, Cambridge 2016.

Wittgenstein's Whewell's Court Lectures. Cambridge 1938-1941. From the Notes by Yorick Smythies, edited by Volker A. Munz and Bernhard Ritter, Malden, MA, Oxford; Chichester 2017.

Biographien und Lebenszeugnisse

McGuinness, Brian, *Wittgensteins frühe Jahre*, aus dem Englischen von Joachim Schulte, Frankfurt am Main 1988.

McGuinness, Brian, Ascher, Maria Concetta, Pfersmann, Otto (Hgg.), *Wittgenstein. Familienbriefe*, Wien 1996.

Monk, Ray, *Ludwig Wittgenstein. The Duty of Genius*, London 1990 (dt. Wittgenstein. Das Handwerk des Genies, aus dem Englischen von Hans Günther Holl und Eberhard Rathgeb, Stuttgart 2021).

Nedo, Michael (Hg.), *Ludwig Wittgenstein. Ein biographisches Album*, München 2012.

Pinsent, David Hume, *Reise mit Wittgenstein in den Norden. Tagebuchauszüge, Briefe*, hrsg. von G.H. von Wright, aus dem Englischen von Wolfgang Sebastian Baur, Wien u.a. 1994.

Redpath, Theodore, *Ludwig Wittgenstein. A Student's Memoir*, London 1990.

Rhees, Rush (Hg.), *Ludwig Wittgenstein. Portraits und Gespräche*, übersetzt von Joachim Schulte, Frankfurt am Main 1992.

Schmidt, Alfred (Hg.), *"I think of you constantly with love...", Briefwechsel Ludwig Wittgenstein – Ben Richards 1946-1951*, Innsbruck-Wien 2023.

Somavilla, Ilse (Hg.), *Wittgenstein – Engelmann. Briefe, Begegnungen, Erinnerungen* (unter Mitarbeit von Brian McGuinness), Innsbruck 2006.

Somavilla, Ilse (Hg.), *Begegnungen mit Wittgenstein. Ludwig Hänsels Tagebücher 1918/1919 und 1921/1922*, Innsbruck-Wien 2012.

Wittgenstein, Hermine, *Familienerinnerungen*, hrsg. von Ilse Somavilla, Innsbruck-Wien 2015.

Wright, Georg Henrik von (Hg.), *Ludwig Wittgenstein. Briefe an Ludwig von Ficker*, unter Mitarbeit von Walter Methlagl, Salzburg 1969.

Wuchterl, Kurt, Hübner, Adolf, *Ludwig Wittgenstein*, Reinbek bei Hamburg 2001.

Kommentare

Baker, G.P., Hacker, P.M.S., *Wittgenstein, Understanding and Meaning, Volume 1 of an Analytical Commentary on the Philosophical Investigations*, Oxford (u.a.) 1980 (weitere Bände).

Raatzsch, Richard, *Eigentlich Seltsames. Wittgensteins Philosophische Untersuchungen 1, Einleitung und Kommentar PU 1-64*, Paderborn u.a. 2003.

Savigny, Eike von, *Wittgensteins „Philosophische Untersuchungen"*. Ein Kommentar für Leser, Frankfurt am Main 2019.

Weitere Literatur

Adorno, Theodor W., *Kants „Kritik der reinen Vernunft" (1959)*, hrsg. von Rolf Tiedemann, Frankfurt am Main 1995.

Aristoteles, *Metaphysik*, übersetzt und hrsg. von Franz F. Schwarz, Stuttgart 1970.

Bachmann, Ingeborg, „Zu einem Kapitel der jüngsten Philosophiegeschichte", in: *Ludwig Wittgenstein, Schriften, Beiheft*, Frankfurt am Main 1960, 7-15.

Bax, Chantal, *Subjectivity After Wittgenstein. The Post-Cartesian Subject and the "Death of Man"*, London 2011.

Blumenberg, Hans, *Lebensthemen. Aus dem Nachlaß*, Stuttgart 1998.

Bouveresse, Jacques, „'The darkness of this time'. Wittgenstein and the Modern World", *in:* Griffiths, A. Phillips (ed.), *Wittgenstein Centenary Essays*, Cambridge 1991, 11-39.

Bouwsma, O.K., *Wittgenstein. Conversations 1949-1951*, edited by J.L. Craft and Ronald E. Hustwit, Indianapolis 1986.

Cavell, Stanley, *Must We Mean What We Say? A Book of Essays*, Cambridge 1976.

Diamond, Cora, *The Realistic Spirit. Wittgenstein, Philosophy, and the Mind*, Cambridge, Mass. 1991.

Drehmel, Jan, Jaspers, Kristina (Hgg.), *Verortungen eines Genies*, Hamburg 2011.

Eden, Tania, *Lebenswelt und Sprache. Eine Studie zu Husserl, Quine und Wittgenstein*, München 1999.

Fogelin, R.J., *Wittgenstein*, London, New York 1987.

Gibson, John, Huemer, Wolfgang (Hgg.), *Wittgenstein und die Literatur*, Frankfurt am Main 2006.

Glock, Hans-Johann, *A Wittgenstein Dictionary*, Oxford 1996 (dt. Wittgenstein-Lexikon, übersetzt von E.M. Lange, Darmstadt 2000).

Hacker, P.M.S., *Einsicht und Täuschung. Wittgenstein über Philosophie und die Metaphysik der Erfahrung*, übersetzt von Ursula Wolf, Frankfurt am Main 1978.

Hacker, P.M.S., *Wittgenstein im Kontext der analytischen Philosophie*, übersetzt von Joachim Schulte, Frankfurt am Main 1997.

Heinrich, Richard, *Wittgensteins Grenze*, Wien 1993.

Hintikka, Merrill B., Hintikka Jaakko (Hgg.), *Untersuchungen zu Wittgenstein*, übersetzt von Joachim Schulte, Frankfurt am Main 1996.

Janik, Allan, Toulmin, Stephen, *Wittgensteins Wien*, aus dem Amerikanischen von Reinhard Merkel, München 1987.

Kenny, Anthony, *Wittgenstein*, aus dem Englischen von Hermann Vetter, Frankfurt am Main 1974.

Kienzler, Wolfgang, *Wittgensteins Wende zu seiner Spätphilosophie 1930-1932*, Frankfurt am Main 1997.

Klagge, James C., *Wittgenstein in Exile*, Cambridge, Mass. 2011.

Kripke, Saul A., *Wittgenstein on Rules and Private Language. An Elementary Exposition*, Cambridge, Mass. 1982 (dt. Wittgenstein über Regeln und Privatsprache. Eine elementare Darstellung, Frankfurt am Main 1987).

Lütterfelds, Wilhelm, Roser, Andreas (Hgg.), *Der Konflikt der Lebensformen in Wittgensteins Philosophie der Sprache*, Frankfurt am Main 1999.

Malcolm, Norman, *Nothing is Hidden*, Oxford 1986.

Malcolm, Norman, *Erinnerungen an Wittgenstein*, aus dem Englischen von Claudia Frank und Joachim Schulte, Frankfurt am Main 1987.

Markewitz, Sandra, „Wittgensteins Philosophie des Schweigens", in: Markewitz, Sandra (Hg.), *Jenseits des beredten Schweigens. Neue Perspektiven auf den sprachlosen Augenblick*, Bielefeld 2013, 17-43.

Markewitz, Sandra (Hg.) *Grammatische Subjektivität. Wittgenstein und die moderne Kultur*, Bielefeld 2019.

Neumer, Katalin, *Die Relativität der Grenzen. Studien zur Philosophie Wittgensteins*, Amsterdam, Atlanta 2000.

Pichler, Alois, *Wittgenstein* Philosophische Untersuchungen. *Vom Buch zum Album*, Amsterdam, New York 2004.

Rehmann, Ruth, *Fremd in Cambridge*, München, Wien 1999.

Rorty, Richard (ed.), *The Linguistic Turn. Recent Essays in Philosophical Method,* Chicago u.a. 1967.

Savigny, Eike von, *Die Philosophie der normalen Sprache. Eine kritische Einführung in die "ordinary language philosophy"*. Veränderte Neuausgabe, Frankfurt am Main 1993.

Savigny, Eike von, *Der Mensch als Mitmensch. Wittgensteins „Philosophische Untersuchungen",* München 1996.

Savigny, Eike von, *Ludwig Wittgenstein: Philosophische Untersuchungen*, Reihe: Klassiker auslegen, Berlin 2011 (2. Auflage).

Savigny, Eike von, Scholz, Oliver R., (Hgg.), *Wittgenstein über die Seele*, Frankfurt am Main 1995.

Schatzki, Theodore R., Knorr Cetina, Karin, Savigny, Eike von (eds.), *The Practice Turn in Contemporary Theory*, London and New York 2001.

Schulte, Joachim, *Erlebnis und Ausdruck. Wittgensteins Philosophie der Psychologie*, München 1987.

Schulte, Joachim, *Wittgenstein. Eine Einführung*, Stuttgart 1989.

Schulte, Joachim (Hg.), *Texte zum Tractatus*, übersetzt von Joachim Schulte, Frankfurt am Main 1989.

Schulte, Joachim, *Chor und Gesetz. Wittgenstein im Kontext*, Frankfurt am Main 1990.

Shields, Philip R., *Logic and Sin in the Writings of Ludwig Wittgenstein*, Chicago 1993.

Sluga, Hans, Stern, David G. (eds.), *The Cambridge Companion to Wittgenstein,* Cambridge 2004.

Somavilla, Ilse, Thompson, James M. (Hgg.), *Wittgenstein und die Antike / Wittgenstein and Ancient Thought*, Berlin 2012.

Stern, David G., Szabados, Béla (eds.), *Wittgenstein Reads Weininger*, Cambridge 2004.

Vossenkuhl, Wilhelm (Hg.), *Von Wittgenstein lernen*, Berlin 1992.

Wall, Richard, *Wittgenstein in Irland*, Klagenfurt und Wien 1999.

Weiberg, Anja, Majetschak, Stefan (Hgg.), *Wittgenstein-Handbuch. Leben – Werk – Wirkung*, Berlin 2022.

Wijdeveld, Paul, *Ludwig Wittgenstein, Architekt*, aus dem Englischen von Ulrike Kremsmair und Thomas Heigelmaier, Amsterdam 2000.

Wright, Georg Henrik von, *Wittgenstein*, übersetzt von Joachim Schulte, Frankfurt am Main 1990.

Wünsche, Konrad, *Der Volksschullehrer Ludwig Wittgenstein*, Frankfurt am Main 1985.

Die Autorin

Sandra Markewitz (Dr. phil.) ist Habilitandin an der Universität Vechta und lehrt dort Philosophie.

Ihre Arbeitsschwerpunkte sind Wittgenstein, Sprachphilosophie, Philosophie der Sprache im Vormärz, Ethik und Ästhetik, Kulturphilosophie.

Der Zeichner

Ansgar Lorenz ist in Hannover geboren. Er hat Illustration und Grafik Design in Leipzig und Münster studiert. Seit 2014 lebt und arbeitet er als freiberuflicher Illustrator in Mannheim.

Für Brill | Fink gestaltet er seit 2012 die Reihe „Philosophische Einstiege". Erschienen sind bisher Einführungen zu Gottfried Wilhelm Leibniz, Arthur Schopenhauer, Georg Wilhelm Friedrich Hegel, Theodor W. Adorno, Friedrich Nietzsche, Michel Foucault, Karl Marx, Immanuel Kant, Walter Benjamin, Hannah Arendt, Judith Butler, Jean-Jacques Rousseau, Thomas Hobbes u.v.m.

Weitere Informationen im Web unter: www.ansgarlorenz.de

Philosophische Einstiege

Die beliebte Comicreihe erschienen bei Brill | Fink

ISBN 978-3-7705-6309-8

ISBN 978-3-7705-6407-1

ISBN 978-3-7705-6256-5

ISBN 978-3-7705-6668-6

ISBN 978-3-7705-6163-6

ISBN 978-3-7705-6699-0

ISBN 978-3-7705-5952-7

ISBN 978-3-7705-6385-2

ISBN 978-3-7705-5507-9

ISBN 978-3-7705-5329-7

ISBN 978-3-7705-5233-7

ISBN 978-3-7705-5485-0

Mehr Titel unter
www.brill.com/PHE

Brill | Fin